Zu diesem Buch

«Dieses Buch mit Gesängen von ganz verschiedenen Längen (Erhardt) empfiehlt sich sogleich und genügend durch seinen schlichten Titel. Weiß man doch längst mit tiefer Freude von ihm, dem Schauspieler, Kabarettisten, Schriftsteller, Komponisten, vor allem dem Fernseh-Komiker mit seinen geschliffenen Wortspielereien, launischen Reimen und blitzenden Einfällen. Hier bereitet sich eine Auswahl der schönsten Stücke aus vier verschiedenen Büchern. Dieses reiche Buch ... entfaltet sich wie ein großer bunter Teppich wirklichen Humors» («Literaturspiegel»). – «Ein köstlicher Querschnitt durch das Schaffen dieses Meisters des Humors, der Zeitgenossen durch eine Brille sieht, die man jedem verschreiben möchte, der nicht mehr so richtig von Herzen über Blödeleien lachen mag. Erhardt bringt neues Leben ins Tierleben und weiß ein Märchen der Grimm Brothers auf seine Art ebenso zu korrigieren wie die Geschichte von Willi Tell. Daß er dabei niemals boshaft ist, wird ihm jeder hoch anrechnen» («Ruhr-Nachrichten»).

Heinz Erhardt wurde am 20. Februar 1909 in Riga als Sohn eines Theaterkapellmeisters geboren. Von 1926 bis 1928 studierte er in Leipzig Musik. Er wollte Pianist werden. Nach Riga zurückgekehrt, war er einige Zeit im Musikalienhandel tätig. Als die politische Lage in seiner Heimat schwieriger wurde, ging er zunächst nach Danzig, wo er im Funkhaus einige prüfende Herren von seinem Talent als Verfasser von humoristischen Gedichten überzeugte. Er setzte sich auch gleich ans Klavier und begleitete die beiden inzwischen bekanntgewordenen Chansons «Fräulein Mabel» und «Mein Mädchen» mit selbstkomponierten Melodien. Eine weitere Zwischenstation seiner Laufbahn war die «Kaiserkrone» in Breslau. Bald hörte Willy Schäffers von ihm und engagierte ihn an sein nachwuchsfreudiges Berliner «Kabarett der Komiker». Heinz Erhardt hatte sofort Erfolg. Nach dem Krieg wurde er in Hamburg ansässig. Hier entwickelte er im Rundfunk jenen unverwechselbaren Erhardt-Stil («Noch'n Gedicht...»), der seine eigentliche Karriere begründete.

Auch der Film engagierte ihn, so für «Die gestohlene Hose», «Ich und meine Schwiegersöhne», «Der müde Theodor», «Witwer mit fünf Töchtern», «Vater, Mutter und neun Kinder», «Der Haustyrann», «Immer die Radfahrer», «So ein Millionär hat's schwer», «Natürlich die Autofahrer», «Das kann doch unsren Willi nicht erschüttern», «Was ist denn bloß mit Willi los?» und «Die Herren mit der weißen Weste». Überdies trat er im Fernsehen und auf Tourneen auf. Heinz Erhardt ist verheiratet und hat vier Kinder.

Das große Heinz Erhardt Buch

*Illustriert
von Dieter Harzig*

Rowohlt

*Umschlagentwurf Werner Rebhuhn
(Foto: Heinz Erhardt in dem Constantin-Film
«Was ist denn bloß mit Willi los?»)*

  1.– 75. Tausend Januar 1974
 76.–105. Tausend März 1974
106.–135. Tausend August 1974
136.–153. Tausend September 1975
154.–173. Tausend März 1976
174.–203. Tausend Dezember 1976
204.–213. Tausend April 1978
214.–228. Tausend Februar 1979
229.–253. Tausend Juli 1979

*Veröffentlicht im Rowohlt Taschenbuch Verlag GmbH,
Reinbek bei Hamburg, Januar 1974,
mit Genehmigung des Fackelträger-Verlages, Hannover
Copyright © 1970 by Fackelträger-Verlag
Schmidt-Küster GmbH, Hannover
Gesamtherstellung Clausen & Bosse, Leck
Printed in Germany
580-ISBN 3 499 11679 0*

*Zugeeignet allen denen, die Sinn für Unsinn haben —
aber auch meinem Zipchen, unseren Kindern,
Schwiegerkindern, Enkeln, Urenkeln
und was vielleicht noch alles so kommt . . .*

Nicht immer war ich schon so alt —
das machten erst die Jahre.
Die Stirne wuchs mit dem Verstand
im Laufe meiner Haare.
Nun wünsch ich mir, daß, was ich schrieb,
auch frohe Leser findet,
dann möge dieser Band das Band
sein, welches uns verbindet.

Leitanweisung oder Gebrauchsfaden
für die Benutzung des vorliegenden Buches

Wer — durch welche Umstände auch immer — in den Besitz dieses Buches gelangt, ist möglicherweise zunächst unschlüssig, was er damit anfangen soll. Darf ich deshalb im Folgenden einige Richtlinien zur Kenntnis geben?
Wer junge Kinder hat, der überlasse ihnen dieses Buch! Sie können die weißen Stellen mit Männchen bemalen oder die abgebildeten Personen ausschneiden und ihnen lustige Bärte ankleben ...
Ganz kleinen Kindern mag dies Buch als Unterlage dienen, falls ein paar Zentimeter bis zur Suppe fehlen ...
Sollte der Tisch ein zu kurzes Bein haben: selbst zur Behebung dieses Notstandes ist dies Buch geeignet — ebenfalls zur Zermalmung lästiger Kerbtiere ...
Für ältere Ehepaare jedoch ist es schier unentbehrlich; denn gibt es ein besseres Wurfgeschoß? Allerdings muß der Werfer streng darauf achten, daß sich der Gegenwind während des Fluges nicht in den Seiten verfängt und dadurch die Flugbahn des Geschosses verändert oder gar bremst!
Aus diesen kurzen Beispielen ist ersichtlich, wie nutzbringend die lächerlichen paar Mark, die dies Druckerzeugnis gekostet hat, angelegt sind ...
Und nun kommt die große Überraschung: man kann in diesem Buch auch lesen!
Das Schwarze sind die Buchstaben!
Man lese sie am zweckmäßigsten reihenweise von links nach rechts; denn wollte man es von rechts nach links tun,

.nies tkcurdeg murehsredna eis netßüm nnad

Da sich aber in Europa das Von-links-nach-rechts-Lesen immer mehr einbürgert, haben wir es bei dieser Lesart belassen.
Um einen möglichst großen Leserkreis zu erfassen, hat der

Autor besondere Rücksicht auf die Diabetiker genommen: man wird das Wort *Zucker* vergeblich suchen! Auch hat er für diejenigen, die an Übergewicht leiden oder diät leben müssen, *Fett*gedrucktes vermieden!

Bevor ich jedoch mein Musenkind der Öffent- und damit der Lächerlichkeit preisgebe, muß ich schnell mal brechen — und zwar eine Lanze für jene Leser, die mehr der *abstrakten* Kunst zugeneigt, also mit meinen gegenständlich primitiven Gedanken, Worten und Sätzen nicht viel anzufangen wissen, sind!

Diesen bleibe es unbenommen, Wortfolgen nachstehender Machwerke willkürlich aus den Satzgebilden herauszulösen, ja, selbst einzelne Buchstaben innerhalb eines Wortes beliebig umzustellen und die Zeilen graphisch aufzulockern. Als Beispiel möge der Anfang des Gedichts *Zellen* (Seite 274) dienen:

```
  l  enl   æ
e            ₫
  z  sad  ᵫ  äle  f    benle      komm
            ᵫ                         t sau  eizell-
ner, . ? ! ' : ; usw. usw.
```

Auch der unbefangene Leser wird zugeben müssen, daß so dieses Buch für den modernen Menschen über Jahre hinaus anregend bleibt! Was man nicht von jedem Werk unsrer Literatur behaupten kann ...

Klassisch-Erstklassisches

Zeus

Im Himmel machte er die Blitze,
auf Erden aber lieber Witze,
so hatte er, als Tier verwandelt,
sehr oft mit Damen angebandelt!

Einst näherte er sich — als Stier! —
Europa und sprach keck zu ihr:
»Ich bin der Zeus! Macht keine Zicken
und setzt Euch hier auf meinen Rücken!
Halt't Euch am Horne fest und flieht
mit mir dorthin, wo's keiner sieht!«
Erst zierte sich das Mädchen sehr — — —
dann weniger — dann wieder mehr — —
da wurde es selbst Zeus ganz klar,
wie *uneinig* Europa war!
Und es ist gar nicht übertrieben,
zu sagen, es sei so geblieben! —

Durch alte Schriften ist belegt,
daß Vater Zeus fast unentwegt
nach unten kam, sich abzulenken —
statt oben ans Regiern zu denken,
bis seine Frau, die Hera hieß,
ihn einfach nicht mehr 'runterließ.
Im Himmel aber, da verlor
er jeden Sinn für den Humor —

drum hört man auch vom alten Zeus
nichts Neus!

Nero

Nero war nicht nur ein Kaiser,
sondern auch fast immer heiser,
was hauptsächlich daran lag,
daß bei Nacht er und bei Tag,
je nachdem, wo etwas los war —
wenn's auch eine Kirmes bloß war,
kurz: bei jeder frohen Feier —
Lieder sang zu seiner Leier
und das stets mit vollem Ton,
denn noch gab's kein Mikrofon.

Selbst als Rom hellodernd brannte
und das Volk sich an ihn wandte,
stand er mittendrin im Dampfe,
sang Couplets und schlug die Klampfe.

Er war in der Welt des Scheins
eine, wenn auch heisre, Eins;
sonst jedoch war Kaiser Nero
— unter uns gesagt! — ein Zero.

Kolumbus

Als Kolumbus von seiner Amerikafahrt
nach Spanien heimkam mit Gold und mit Bart
und, hochgeehrt und umjubelt, schritt
durch die Hauptstadt des Landes, nämlich Madrid,
entdeckte er plötzlich da drüben rechts
eine hübsche Person femininen Geschlechts.
Bei ihrem Anblick — was war schon dabei? —
entschlüpfte ihm was und zwar das Wort »ei« ...

Seitdem sind die Forscher sich darüber klar,
daß das das »Ei« des Kolumbus war!

Zwei Schulaufsätze
Glocken

O Glocke! Du hängst am Turm und läutest.
Dein Läuten läutert die Leute, doch Friedrich Schiller hat dich bereits mehr lang als breit bedichtet. Aber auch du, kleine Glocke am Wecker, verdienst unsere Liebe. Jeden Morgen erweckst du uns und damit in uns das Gefühl der Dankbarkeit dafür, daß wir endlich wieder unserer geliebten Arbeit nachgehen dürfen.
Nur dich, die du keinen Laut von dir gibst, dich, Käseglocke, hat noch kein Dichter besungen; denn du stehst in schlechtem Geruch.
Dabei bist du so wichtig: *alles* ist Käse!

Goethe und die Fliege

War Goethe ein größeres Wunder als eine kleine Fliege? —
Das ist hier die Frage!
Sieh, wie sie so an der glatten Wand entlangwandelt, als sei
das die einfachste Sache von der Welt, und sieh, wie sie ihr
Gefieder glättet und sich mit dem hintersten Bein ganz vorn
am Kopf kratzt.
Und jetzt — jetzt erhebt sie sich gar in die Lüfte und flattert
durchs Zimmer. Und nun nimmt sie auf dem westöstlichen
Diwan Platz. Doch nicht lange. Schon wieder durchpflügt
sie den Raum und landet schließlich, etwas echauffiert, auf
deiner Nase.
Konnte das Goethe?

Das Pechmariechen

Zu Ostern in Hersfeld die Mutter spricht:
»Bald ist es Zeit fürs Festtagsgericht!
Drum gehe, Mariechen, hinab in den Keller
und fülle mit Sauerkraut hier diesen Teller!«

»O Mutter, o Mutter, mir träumte neulich
von einem Mann — der Mann war abscheulich ...!
Ach, laß uns den Keller vergessen:
wolln wir was anderes essen!«

»Mein Kind, mein Kind, ich seh es genau:
du kommst in die Jahre, wirst langsam Frau,
siehst überall Männer, die lauern —
geh, hol von dem Kraut, von dem sauern!«

Mariechen tut es — sie schreitet hinab,
hinab in den Keller, der finster wie's Grab —!
Hier füllt sie den Teller, den Teller von Blech — —
doch solang sie auch füllt, 's kommt kein Mann!
So'n Pech! (Darum: Pechmariechen!)

Das Unwetter*

Urahne, Großmutter, Mutter und Kind
in dumpfer Stube versammelt sind. —

's ist Mittwoch. Da hört man von ferne
ein leises Grollen. Mond und Sterne
verhüllen sich mit schwarzen, feuchten
Wolkenschleiern. Blitze leuchten.
Und es sind versammelt in dumpfer Stube
Urahne, Großmutter, Mutter und Bube. —

Das Gewitter kommt näher mit Donnerschlag —
und noch fünf Minuten bis Donnerstag!

Es heult der Sturm, es schwankt die Mauer,
der Regen prasselt, die Milch wird sauer —,
und in dumpfer Stube — man weiß das schon —
sind Urahne, Großmutter, Mutter und Sohn.

Ein furchtbarer Krach! Ein Blitz schlägt ein!
Der Urahne hört was und sagt: »Herein!« —
Die dumpfe Stube entflammt und verglimmt
mit Urhammel, Großbutter, Butter und Zimt ...

* Frei nach Ludwig Uhland, dem Erfinder der gleichnamigen Straße.

Archimedes

Jaja! Der weise Archimedes
ging stets zu Fuß, ging stets per pedes.
Doch ging er auf besondre Weise:
er ging hauptsächlich nur im Kreise.

Die Gangart hatte sich nach Wochen
in Syrakus herumgesprochen,
weshalb — es ist gut zu verstehn —
die Menge kam, sich's anzusehn.
Doch dies gefiel dem Greise nicht!
Er sprach: »Stört meine Kreise nicht!«

Jaja! Der weise Archimedes
ging stets zu Fuß, fuhr nie Mercedes.

Die Entstehung der Glocke von Schiller
oder
Warum Schillers Glocke keinen Klöppel hat

Am 31. Februar 17... saßen Schiller, Goethe und Eckermann beim Skat. Im Kamin knisterte traurig ein Buchenscheit, und eine müde Tranfunzel verbreitete teils Geruch, teils Licht. Aber Geheimrat Goethe haderte nicht, sondern liebte den trüben Schein des Trans*.

Die drei Herren saßen also beim Skat und auf weichen Plüschsesseln — nach dem Motto: Noblesse o'Plüsch. Goethe hatte gerade Schellen** gereizt, als Schillers Augen plötzlich heller strahlten als die der Funzel und er anhub, also zu sprechen: »Verzeihen Sie, Herr Geheimrat, bei Ihrem Gebot

---

* Erst kurz vor seinem Ableben verlangte es ihn nach »*mehr Licht*«.
** *Deutsche* Klassiker bedienten sich selbstverständlich *deutscher* Spielkarten!

›Schellen‹ fiel mir eben etwas Wichtiges ein: könnten Sie mir mal flugs Ihren Gänsekiel leihen?« Goethe, der gerade gereizt hatte, war nun selber gereizt: »Aber, lieber Schiller, wozu brauchen Sie denn gerade *jetzt* meinen Gänsekiel?« Schiller: »Weil mir beim Wort ›Schellen‹ der Gedanke kam, ich könne mal ein Gedicht über die ›Glocke‹ schreiben. Und um dieses kleine Gedicht zu Papier bringen zu können, brauche ich Ihren Gänsekiel. Weil ich meinen nämlich nicht bei mir habe!« Goethe, indem er die Karten auf den Tisch und seine Stirn in Falten legte, sagte: »Das mit der Glocke ist eine gute Idee! Wir Klassiker können unsere Werke nicht oft genug an die große Glocke hängen! Habe ich nicht recht, Eckermann?« Eckermann, der für Goethe so etwas Ähnliches war wie Dr. Watson für Sherlock Holmes, antwortete: »Jawohl, Herr Geheimrat!« — »Nun denn«, fuhr Goethe fort, »hier haben Sie meinen Gänsekiel! Wir paar Dichter müssen zusammenhalten! Und während Sie sich, Friedrich Schiller, von der Muse küssen lassen, werden ich und Eckermann Sechsundsechzig spielen!«

Nachdem die beiden ungefähr 2 Stunden lang dem 66 gefrönt hatten und Goethe alle Spiele gewann, weil Eckermann bei ihm weder 20 noch 40 noch sonstwas zu melden hatte, sprach plötzlich Goethe, indem er erst den Blick und dann sich selbst erhob: »Halt, Herr Schiller! Nun muß ich aber schleunigst meinen Gänsekiel zurückhaben; denn soeben fiel mir ein, daß ich im 2. Teil meines ›Faust‹ einige Sätze zu stehen habe, die ich sofort ändern muß, weil sie der *Unverständlichkeit* entbehren! Bei einem Dichter meines Formats wirken nur *unverständliche* Sätze verständlicherweise selbstverständlich! Notieren Sie diesen Ausspruch, Eckermann!« — »Jawohl, Herr Geheimrat!« — »Außerdem«, setzte Goethe den Vortrag fort und sich wieder hin, »außerdem wird Ihre Glocke zu lang, wenn Sie nicht augenblicklich mit dem Dichten nachlassen! Denken Sie doch an all die lieben Schulkinderchen, die Ihre Glocke dermaleinst

vielleicht werden auswendig lernen müssen!« — — —
So verdanken wir eigentlich *Goethe* die Entstehung dieses
Schillerschen Werkes — aber auch den erfreulichen Umstand,
daß dieses Gedicht nicht *noch* länger wurde — aber auch die
betrübliche Tatsache, daß Schiller keine Zeit mehr hatte, das
Werden und die Nutzanwendung des für eine Glocke doch
so notwendigen *Klöppels* zu schildern!
Vielleicht wußte er damals schon, daß seine Glocke gar keine
Gelegenheit haben würde, jemals mit eherner Zunge zu
reden — — — denn wie sagt der Dichter: *Friede* sei ihr erst
Geläute ...

Der Tauchenichts
(Frei nach Schillers »Taucher«)

»Wer wagt es, Knappersmann oder Ritt,
zu schlunden in diesen Tauch?
Einen güldenen Becher habe ich mit,
den werf ich jetzt in des Meeres Bauch!
Wer ihn mir bringt, ihr Mannen und Knaben,
der soll meine Tochter zum Weibe haben!«
  Der Becher flog.
  Der Strudel zog
  ihn hinab ins greuliche Tief.
  Die Männer schauten,
  weil sie sich grauten,
  weg. — Und abermals der König rief:
»Wer wagt es, Knippersmann oder Ratt,
zu schlauchen in diesen Tund?
Wer's wagt — das erklär ich an Eides Statt —
darf küssen meins Töchterleins Mund!
Darf heiraten sie. Darf mein Land verwalten!
Und auch den Becher darf er behalten!«

Da schlichen die Mannen
und Knappen von dannen.
Bald waren sie alle verschwunden ———
Sie wußten verläßlich:
die Tochter ist gräßlich! —
Der Becher liegt heute noch unten ...

Das Weidenrößlein
(Nicht ganz so frei nach Joh. Wolfg. Amad. v. Goethe)

Sah ein Knab ein Rößlein stehn,
Rößlein auf der Weiden.
War schon alt und gar nicht schön,
und es konnte kaum noch sehn,
doch er sah's mit Freuden.
Rößlein, Rößlein, Rößlein braun,
Rößlein auf der Weiden.

Knabe sprach: »Wie schön ist's heut,
Rößlein auf der Weiden!
Keine böse Wolke dräut,
alles ist voll Heiterkeit,
und die Luft ist seiden.
Rößlein, Rößlein, Rößlein braun,
Rößlein auf der Weiden!«

Rößlein sah ihn traurig an,
Rößlein auf der Weiden:
»Dort kommt schon der Bauersmann,
spannt mich vor den Wagen an,
schlägt mich mit der Peitsche dann,
bis ich nicht mehr weiterkann —
muß so viel erleiden ... !«
Rößlein, Rößlein, Rößlein braun,
Rößlein auf der Weiden.

Der König Erl
(Frei nach Johann Wolfgang von Frankfurt)

Wer reitet so spät durch Wind und Nacht?
Es ist der Vater. Es ist gleich acht.
Im Arm den Knaben er wohl hält,
er hält ihn warm, denn er ist erkält'.
Halb drei, halb fünf. Es wird schon hell.
Noch immer reitet der Vater schnell.
Erreicht den Hof mit Müh und Not – – –
der Knabe lebt, das Pferd ist tot!

An dich

Liebe Friederike Kempner*!
Als ein weiblich-zarter Klempner
lötest du der Worte Klang,
der dir aus dem Innern drang,
aneinand – mal kurz, mal lang.

Darum Dank den Vorefahren,
die nicht nur aus Schlesien waren,
sondern dich auch dort gebaren!

Unsrer Seele tiefen Schacht
hast du vollgemacht!

---

* 1836 dem Ei entschlüpft, 1904 als »schlesischer Schwan« eingegangen – auch in die Literaturgeschichte. Freiwillige Erfinderin des unfreiwilligen Humors.

Die Polizei im Wandel der Zeiten

Solange wir Menschen auf Erden leben,
hat es schon immer Polizei gegeben!

Es ist ja bekannt, daß der erste Polizist
der Erzengel Gabriel gewesen ist.
Er hat uns, so steht es im Buche geschrieben,
eines Apfels wegen aus dem Paradiese vertrieben.
Seitdem fühlt die Polizei — grad bei Kleinigkeiten —
sich bemüßigt, gar strenge einzuschreiten!

Schon im alten Rom — so vor 2000 Jahren —
wurde manchmal etwas zu schnell gefahren,
also war's klar, daß der uniformierte
Beamte sich erst mal die Nummer notierte.
Dann drohte er mit erhobenem Finger
und sagte: »Na, Sie machen ja schöne Dinger!«
Hierbei bediente er sich, wie alle Einwohner Roms,
natürlich des lateinischen Idioms.

Die Jahrhunderte waren dahingegangen
und das 20. hatte angefangen!
Es wuchs die Bildung, der Schnurrbart, die Gartenlaube,
es wuchs aber auch die Pickelhaube!
Es hagelte Schimpfe und Strafmandate:
die Polizei war ein richtiger Staat im Staate!
Und die Bürger sagten zwischen Weinen und Lachen:
»Nee, mit *dem* Staat ist kein Staat zu machen!«

Das 2. und 3. Reich waren zerronnen!
Es war alles verloren — nur *eines* gewonnen,
nämlich die Überzeugung: es muß hier auf Erden
alles — auch die Polizei muß anders werden!
Sie hat sich entbartet, sie hat sich entpickelt!
Sie hat sich zum Freunde und Helfer entwickelt!
Hilft freundschaftlich tragen des Bürgers Last:
sie faßt nicht mehr *fest* — sie fäßt nur noch *fast!!*
Sie drückt oft ein Auge zu bei kleinen Vergehn,
von den vielen Ausnahmen natürlich abgesehn!

Mona Lisa und die Maler

Zu Tizian, dem Maler, schlich
die holde Mona Lisa, und
sie bat ihn: »Bitte maln Sie mich
von vorne — und auch recht schön bunt!«

Der Meister brauchte grade Lire,
drum antwortete er: »Si, si!
Doch eh die Leinwand ich beschmiere —
wieviel, Madame, bezahlen Sie?«

Da rief sie voll Impertinenz:
»Sie wollen Geld von mir, wieso?
Jetzt gehe ich zur Konkurrenz —
und zwar zu Michelangelo!«

Der war nun leider nicht zu Hause ...
»Ja, wen«, so dacht sie, »gibt es noch?
Ob ich mal schnell nach Holland sause —
zu Rembrandt oder zu van Gogh?«

Es fehlte ihr an Zeit, wie's schien,
und auch an finanzieller Kraft,
so blieb ihr nur noch der da Vin-
ci — und der hat's denn auch geschafft!

Er bracht ihr Lächeln gut zuwege,
die ganze Kunstwelt war besiegt —
verzeiht drum, wenn *ich* Zweifel hege:
Hätt's nicht ein anderer Kollege
vielleicht doch besser hingekriegt?

Der Muselmann

Es war einmal ein Muselmann,
der trank sich einen Dusel an,
wann immer er nur kunnt.
Er rief dann stets das Muselweib,
wo es denn mit dem Fusel bleib,
denn Durst ist nicht gesund.
Und brachte sie die Pulle 'rein,
gefüllt mit süßem Muselwein,
      dann trank er
      und trank er,
      hin sank er
      als Kranker,
      bis gottseidank er
unterm Tische verschwund.

Der Fischer
(Frei nach Johann Sebastian Goethe)

Das Meer ist angefüllt mit Wasser
und unten ist's besonders tief,
am Strande dieses Meeres saß er,
d. h. er lag, weil er ja schlief.
Und nun nochmal: Am Meere saß er,
d. h. er lag, weil er ja schlief,
und in dem Meer war sehr viel Wasser
und unten war's besonders tief.

Da plötzlich teilten sich die Fluten
und eine Jungfrau kam herfür,
auf einer Flöte tat sie tuten,
das war kein schöner Zug von ihr.
Dem Fischer ging ihr Lied zu Herzen,
obwohl sie falsche Töne pfoff ———
man sah ihn in das Wasser sterzen,
dann ging er unter und ersoff.

Vom Alten Fritz

Vom Alten Fritz, dem Preußenkönig,
weiß man zwar viel, doch viel zu wenig.

So ist es zum Beispiel nicht bekannt,
daß er die *Bratkartoffeln* erfand!

Drum heißen sie auch — das ist kein Witz —
Pommes Fritz!

Ein mytho-unlogisches Gespräch

A. Ich habe bei mir zu Hause ein Aktfoto hängen. Es heißt »Die Ledige mit dem Schwein«. Kennen Sie das?
B. Sie meinen sicher »Die Leda mit dem Schwan«?
A. Ach ja, richtig! Ein Schwan kommt auch drauf vor! Und wer ist diese »Leda«?
B. Leda war die Mutter der »schönen Helena«.
A. Wieso »war«? Ist sie tot?
B. Aber natürlich!
A. Erzählen Sie mir doch mal was von der Familie!
B. Also das war so: Eines Tages schiffte sich Menelaus, der Gatte der Helena, nach Kreta ein.
A. Und Helena blieb zu Hause?
B. Ja, in ihrem Schlafgemach. In der Mitte stand ein großes Ruhebett und links der Armleuchter.
A. Ich denke, Menelaus war weg?
B. Nein, ein wirklicher Armleuchter stand da. — Und plötzlich wurde ihr Páris gemeldet!
A. Ach, der mit dem Apfel?
B. Bravo, woher wissen Sie denn das?
A. Na, Páris war doch der, der auf dem Berge Aida der Schönsten mit der Armbrust einen Apfel vom Kopf schoß!
B. Das verwechseln Sie leider mit Wilhelm Tell — aber immerhin! — Außerdem hieß der Berg Ida! — Na schön! Páris beschloß, Helena mit List zu erobern.
A. Ach, Klavierspielen konnte er auch?
B. Das weiß ich nicht! Jedenfalls aber nahm er sie mit nach Troja.
A. Ach so ja.
B. Und wissen Sie, wodurch Troja berühmt geworden ist?
A. Durch die Trojabohnen!

B. Sie meinen Sojabohnen?! — Nein, durch den Trojanischen Krieg! Die einstmals so stolze Stadt wurde völlig zerstört — und heute ist die Fläche, auf der sie stand, eben!
A. Eben!

Tierisch-
Satirisches

Den Unverstandenen

Stumm ist der Fisch, doch nicht nur er:
auch einen Wurm verstehst du schwer.

Selbst deines treuen Hunds Gebell
entzifferst du nicht immer schnell.

Auch bei den Rindern, Hühnern, Schweinen
kannst du nur raten, was sie meinen.

Drum spreche ich als Anwalt hier
für jedes unverstandne Tier.

(Für'n Papagei brauch ich das nicht,
weil er ja für sich selber spricht!)

Der Hirschkäfer

Ein Hirschkäfer, der weidete
mit seinen siebzehn Rehen,
und jedermann beneidete
ihn um die vielen Ehen.

Da kam der Knabe Fritz heran —
die Rehkäfer entkamen;
der Hirsch jedoch griff mutig an,
zu schützen seine Damen!

Er mußte sterben. — Mit der Leiche rannte heim der Bube — — — !
Jetzt ziert des Käfers Hirschgeweih
Schwesterchens Puppenstube ...

Tatü, tatü

Die Jagd beginnt! — Tatü, tatü!
ertönt es aus dem Horne.
Der Jäger tutet hinten rein,
dann kommt's Tatü von vorne.

Der Jäger nimmt zwei Gläser mit:
am einen kann er drehen,
dann kann er das, was weiter weg,
ganz nah und deutlich sehen.
Das andre Glas ist dazu da,
den Schnaps daraus zu trinken —
die Flasche ist im Rucksack drin
gleich neben Brot und Schinken.

Auch eine Flinte hat er mit,
gefüllt mit feinstem Schrote,
und wenn er schießt und gar noch trifft,
gibt's bei den Hasen Tote.
Erlegt er aber einen *Hirsch*,
so hängt er als Trophäe
gleich das Geweih ins Wohngemach,
damit es jeder sähe.

Die Jagd ist aus! — Tüta! so tönt
das Horn aus blankem Bleche.
Der Jäger geht ins Stammlokal —
der Hirsch bezahlt die Zeche.

Das Kälbchen

Es spielt das Kind vom Rind im Wind,
ist froh und guten Mutes.
Es kennt nicht Not, nicht den Papa,
nicht den Geruch des Blutes. —

Der Weg ist weit, der Kasten eng —
das Kälbchen ahnt nichts Gutes.
Der Schlächter ist kein schlechter Mann,
doch muß er's tun — und tut es. —

Das Kälbchen existiert nicht mehr —
in unsern Mägen ruht es,
doch nachts erscheint es uns im Traum
und traurig muh — muh — muht es.

Stiche

Von Dürers Meisterhand ein Stich
betrachtet, wirkt mehr »äußerlich«,
dagegen dringt, wenn Sie verzeihn,
der Mückenstich weit »tiefer« ein.

Man sieht hieraus, daß ein Insekt
noch mehr kann als der Intellekt.

Die polyglotte Katze

Die Katze sitzt vorm Mauseloch,
in das die Maus vor kurzem kroch,
und denkt: »Da wart nicht lang ich,
die Maus, die fang ich!«

Die Maus jedoch spricht in dem Bau:
»Ich bin zwar klein, doch bin ich schlau!
Ich rühr mich nicht von hinnen,
ich bleibe drinnen!«

Da plötzlich hört sie — statt »miau« —
ein laut vernehmliches »wau-wau«
und lacht: »Die arme Katze,
der Hund, der hatse!
Jetzt muß sie aber schleunigst flitzen,
anstatt vor meinem Loch zu sitzen!«

Doch leider — nun, man ahnt's bereits —
war das ein Irrtum ihrerseits,
denn als die Maus vors Loch hintritt —
es war nur ein ganz kleiner Schritt —
wird sie durch Katzenpfotenkraft
hinweggerafft! — — —

Danach wäscht sich die Katz die Pfote
und spricht mit der ihr eignen Note:
»Wie nützlich ist es dann und wann,
wenn man 'ne fremde Sprache kann . . .!«

Nee, das geht nicht

Das Meer — wenn ich schon drüber spreche —
hat eine feuchte Oberfläche,
die, finden keine Stürme statt,
stets ruhig daliegt, groß und glatt.
So weit wär alles schön und gut.

Doch was sich *unter* Wasser tut,
das zu erzähln sträubt sich die Feder:
es frißt den andern auf ein jeder!
Je größer so ein Fisch, je kesser!
Dort toben Kämpfe bis aufs Messer!

(Was ganz der Wahrheit nicht entspricht,
denn *Fisch mit Messer* geht ja nicht!)

Der Maus

Der Maus ihr Gatte wurd geschnappt
von einer Mausefalle,
nun war — verdammt und zugeklappt! —
er mausetot für alle.
Die Trauerrede für'n Gemahl,
sie gipfelte im Satze:
»Viel schneller ging's auf jeden Fall
mit Falle — als mit Katze!«

Ferien auf dem Lande

(Ich kam mit einem Auto an
und Koffern, sechs bis sieben.
Der Motor ging total entzwei,
so mußt zuletzt ich schieben.)

Ich wohn in einem Bauernhaus.
Die Milch ist frisch und sahnig.
Die Störchin auf dem Scheunendach,
sie schäkert mit dem Kranich.
Die Kuh macht »muh« — der Ochse auch,
sind schwer zu unterscheiden,
erst wenn man melken will, merkt man
den Unterschied der beiden.
Die Bauersfrau ist jung und schön.
Ich bin bei ihr der Kranich.
Ein Ochse ist ihr Herr Gemahl. —

(Zurück fahr mit der Bahn ich!)

Die Schnecke

Mit ihrem Haus nur geht sie aus!
Doch heut läßt sie ihr Haus zu Haus,
es drückt so auf die Hüften.
Und außerdem — das ist gescheit
und auch die allerhöchste Zeit:
sie muß ihr Haus mal lüften!

Artverwandt

Klingling, so klingt's im Großen Belt.
Das ist der Schellfisch, der da schellt.
Er klingelt, nur gemütlicher,
wie die Gebirgskuh südlicher. —

Das war bis heute unbekannt,
daß Kuh und Schellfisch artverwandt.

Der Schatz
Eine alte Volksweise

Es liegt ein Schatz begraben
dort, wo der Weg sich biegt,
und nur zwei alte Raben,
die wissen, wo er liegt!

Noch keine Menschen haben
ihn zu Gesicht gekriegt.
Nur die zwei alten Raben,
die wissen, wo er liegt.

»Hü, Rößlein, du mußt traben,
bald haben wir gesiegt!
Ich seh zwei alte Raben,
die wissen, wo er liegt!«

Ich hab am Weg gegraben,
der eine Biegung macht.
Die beiden alten Raben
haben sich totgelacht.

Wirklich unerhört

Die Amsel drosselt
ihren lauten Sang.
Die Finken starten schon —
der Weg ist lang ...
Die A- und Blaumeisen
sind ganz verstört,
auch sie finden das
wirklich unerhört ! ! !

Das ist ihnen noch nie begegnet:
ein Sommer, so total verregnet!

Die Drossel amselt,
und es finkt der Star:
»Ade, auf Wiedersehn
im nächsten Jahr!«

Die Gazelle

Schreckerstarrt verharrt die Gazelle,
die den Durst an schattiger Stelle
stillt —
denn es naht der König der Tiere.

Aufrichtend das Haupt und alle viere
weit um sich werfend, entfernt
sich sprunghaft das ängstliche Wild,
kunstvoll gehörnt.

Sabinchen

Da war ein schneeweißes Karnickel,
das hatte einen schwarzen Pickel
auf der Nase.
Sprach der Hase:
»Liebe Base,
das geht so nicht mit deiner Warze!
Es kommt ein Jäger, trifft ins Schwarze!
Du mußt den Pickel heller färben,
dann lebst du lang, ohne zu sterben!«
Das tat denn auch sofort Sabinchen
(so nämlich hieß dieses Kaninchen)
und lebte lange ungestört ...
Wie gut, wenn man auf andre hört!

Brauchtum

Ich brauche dich und du brauchst mich,
wir brauchen uns, sie brauchen sich.
Ob jemand spricht, kräht oder faucht:
er wird gebraucht, er wird gebraucht.

Ich brauche dich und du brauchst mich,
wir brauchen uns, sie brauchen sich
darüber nicht zu kränken,
die Felchen oder Renken*.

---

* Dies ist die *süddeutsche* Fassung. Für *norddeutsche* Leser sind die zwei letzten Zeilen wie folgt zu ändern:
darüber nicht zu wundern,
die Schollen oder Flundern.

Das Lama

In dem Land des weisen Brahma
lebte jahrelang ein Lama,
dem es niemals wollte glucken,
weit im Bogen auszuspucken.

Schrecklich litt es seelisch wegen
diesem seinem Unvermögen;
und die Tränen warn ihm nah,
wenn es andre spucken sah.

Heimlich übte es im Sitzen
oder Stehn, den Mund zu spitzen,
um dann zielgerecht durch dessen
Spalt den Strahl hinauszupressen;
doch selbst in bequemster Lage
förderte es nichts zutage.

Und — so endet dieses Drama —
schließlich mußte unser Lama
vor den Thron des Brahma traben,
ohne je gespuckt zu haben.

's kommt ein Vogerl geflogen*

Ein kleiner Spatz kommt angeflattert
und hüpft auf meinen Fuß. Verdattert
entdecke ich in seinem Schnabel
ein Telegramm, und in dem Kabel
telegrafiert Andrea mir:
»Komm bald, ich sehne mich nach dir!«

* Jede Ähnlichkeit mit einem bekannten Volkslied wäre rein zufällig.

Spreiz deine Flügel, kleiner Bote,
und flieg zurück zu der Geliebten
und überreich ihr meine Note,
in welcher steht, ich käm am siebten!

Die Untermieterin

Du stehst vorm Apfelbaum und lobst:
»Was ist das für ein herrlich Obst!«
Pflückst einen Apfel, beißt hinein,
verziehst den Mund, fängst an zu spein;
denn eine Made erster Güte
wohnt dort schon lang in Untermiete.
Du stehst vorm Apfelbaum und tobst:
»Wie kommt die Made in das Obst?!«

Die Hülle trügt! — Das Ungeziefer
dringt da im allgemeinen tiefer ...

Der zweifelhafte Storch

Du gehörst zu den'n, die den
Klapperstorch noch nie gesehn,
weil man dazu in der Stadt
wenig Möglichkeiten hat.
Und weil er dir nie erschien,
glaubst du auch nicht recht an ihn. —

Ohne Zweifel gehn dem Storch
solche Zweifel dorch ond dorch,
weshalb er dann schnell und meist
seine Existenz beweist!

Rechtschreibung

Delfine schwimmen schnell und leis
(man schreibt sie mit »ph« — ich weiß;
doch schreibt man ja auch Tele»f«on,
und das bereits seit langem schon) —
sie schwimmen (wie gesagt, mit »f«) —
sie schwimmen — vorn ihr alter Scheff
(wir schreiben schließlich auch »Schofför«) —
sie schwimmen also durch das Meer.

Was heißt durchs »Meer«? — Sogar durch »Meere«!
Und manche altgediente Mähre,
wie überhaupt so manches Ferd
(mit »V« wär es *total* verkehrt)
glaubt, es sei schnell wie ein Delphien!
(Das zweite »e« ist schlecht für ihn.)

Orthogravieh — das sieht man hier —
ist nicht ganz leicht für Mensch und Tier!

Der Pv*

Der eitle Pv, meist schlechtgelaunt,
stolziert im Park von Hagenbeck,
und wenn wer kommt, der ihn bestaunt —
was jeder Pv recht gerne hat —
dann schlägt er sein berühmtes Rad
und radelt langsamst damit weg!

---

* Lies und sprich: Pfau.

Auch ich war jüngst bei Hagenbeck —
nur einfach so, zum Zeitvertreib —
und traf den Pv. Doch pfui! Der Geck
ging schnabelfletschend auf mich los:
er zürnte mir! Warum denn bloß?
Vielleicht, weil ich ihn anders schreib?

Drei Raupen
Ein Melodrama

Introduzione
Es steht in diesem Buche hier
so manch Gedicht über manch Tier —
nur über *Raupen* gab's noch keins!
Nun, bitte sehr, hier wär so eins!
Doch ist es (weil's, ich will's betonen,
für alle handelnden Personen
ein grauenhaftes Ende nimmt)
für Jugendliche nicht bestimmt!

Thema con variazioni
Drei Raupen schlossen in der Landschaft
von Südtirol ihre Bekanntschaft.
Da wurd die eine bei den Beeten
vom Gärtner hinterrücks zertreten!
Die zweite wurde unterdessen
vom Spatz erspäht und aufgefressen!
Die dritte aber — diese Raupe
verschied zu Hause an der Staupe!

Coda
Wie grausam ist doch die Natur:
sie trachtet nach dem Leben nur!

Gedanken beim Anblick deiner Krokotasche

Ich badete im Ganges
(das ist eine Art Nil).
Im Ganges schwamm was Langes
auf Flügeln des Gesanges:
das war ein Krokodil.

Es sang: »Die alten Zedern,
die blühen weiß und rot. —
O, hätte ich doch Federn,
wär's Leben nicht so ledern —
besonders *nach* dem Tod.«

Tirili, piit-piit

Die Lerche schwingt sich in den Äther
und singt das Liedchen ihrer Väter:
    Tirili, piit-piit.
Ist's an der Oder oder Elbe,
der Text ist überall derselbe:
    Tirili, piit-piit.
Vom allerersten Sonnenschimmer
bis zu dem letzten singt sie immer:
    Tirili, piit-piit.
Wird's Abend, steigt sie müde nieder
und steckt das Köpfchen ins Gefieder:
    Tirili, piit-piit.
Wird's wieder Tag, weckt sie die Schwestern,
schwingt sich empor und singt wie gestern:
    Tirili, piit-piit.

Ein Brief aus Hagenbeck

An Frau
Coco, geb. Cucu, verw. Fips
Urwald
Wenn man reinkommt: 3. Baum links, 4. Astwerk
— Afrika —
Papa, Mama und liebe Geschwister!
Erinnert Ihr Euch noch an den Mister,
der mich, als ich fröhlich am Aste hing,
fing? —
Das war ein Ding!
Der steckte mich einfach in einen Kasten!
Da saß ich nun drin und mußte fasten!
Dann flog und fuhr ich lange Wege — — —
und nun wohn ich hier im Freigehege.
Wir sind zu sechst. Sind ganz verträglich,
bis auf den einen, der ist unmöglich!
Der kratzt sich immer am Arm, am Kiefer —
wahrscheinlich hat er Ungeziefer!
Ich hatte neulich 'nen Schnupfen gekriegt!
Ob das an diesem Eisbärn liegt
da drüben?
Ihr Lieben!
Das Essen ist hier reichlich und schmeckt!
Auch kommt kein Raubtier, das einen erschreckt!
Doch grauenhaft ist an jedem Tage
die *Menschenplage!*
Da strömen sie dann in rauhen Mengen
und gucken und schieben und stoßen und drängen!
Und wenn ich auch ganz ruhig sitze,
sie lachen bloß und machen Witze
und reden nichts wie dummes Zeuch! —
Und wie geht's Euch?
      Euer Schimpi

Der Spatz

Es war einmal ein grauer Spatz,
der saß ganz oben auf dem Dache,
und unten hielt die Miezekatz
schon seit geraumer Weile Wache.
Da sagte sich das Spätzlein keck:
»Mich kann das Biest nicht überlisten!«
Bums, kam ein Habicht um die Eck
und holte sich den Optimisten. —
So kann es allen denen gehn,
die glauben, nur *sie* wärn die Schlauen.
Man darf nicht nur nach unten sehn,
man muß auch mal nach oben schauen!

An die Bienen

Bienen! Immen! Sumseriche!
Wer sich je mit euch vergliche,
der verdient, daß man ihn töte!
Daß zumindest er erröte!
Denn, wie ihr in Tal und Berg schafft
ohne Zutun der Gewerkschaft,
ohne daß man euch bezahle,
ohne Streik und Lohnspirale,
täglich, stündlich drauf bedacht,
daß ihr für uns Honig macht,
ihr seid's wert, daß man euch ehre!
Wobei vorzuschlagen wäre —
ob nun alt ihr, ob Novizen —
euch von heute ab zu siezen!

Unser Dank, unser Applaus
säh in etwa dann so aus:
»Sehr geehrte Honigbienen!
Wir Verbraucher danken Ihnen!«

Ein Traum

Ich schlaf nicht gern auf weichen Daunen;
denn statt des Märchenwaldes Raunen
hör ich im Traume all die kleinen
gerupften Gänschen bitter weinen.
Sie kommen an mein Bett und stöhnen
und klappern frierend mit den Zähnen,
und dieses Klappern klingt so schaurig ...
Wenn ich erwache, bin ich traurig.

Singe, wem Gesang gegeben

's ist Nacht. Auf meines Daches Zinnen wandelt
ein graues Säugetier in stolzer Pracht.
Daß es sich hier um einen Kater handelt,
das haben Sie sich ja wohl schon gedacht.
Er singt ein Lied. Er läßt sich das nicht nehmen,
und weder Ringelstern noch Morgennatz
verfaßten es. Er zahlt auch nicht Tantiemen.
Er singt — und was er singt, ist für die Katz!

Die Kuh

Auf der saftiggrünen Wiese
weidet ausgerechnet diese
eine Kuh, eine Kuh.

Ach, ihr Herz ist voller Sehnen,
und im Auge schimmern Tränen
ab und zu, ab und zu.

Was ihr schmeckte, wiederkautse
mit der Schnauze, dann verdautse
und macht muh, und macht muh.

Träumend und das Maul bewegend
schautse dämlich in die Gegend,
grad wie du, grad wie du.

Die Fliege

Eine Fliege flog zum Flügel,
huschte leis über die Tasten,
um dann auf dem »gis« zu rasten.
Doch nur zwei Sekunden währte
dieser Aufenthalt, dann kehrte
sie zurück zu ihrer Sippe
und erzählte unumwunden,
sie hätt den guten Ton gefunden.

Der Schmetterling

Es war einmal ein buntes Ding,
ein sogenannter Schmetterling,
der war wie alle Falter
recht sorglos für sein Alter.
Er nippte hier und nippte dort,
und war er satt, so flog er fort,
flog zu den Hyazinthen
und guckte nicht nach hinten.
Er dachte nämlich nicht daran,
daß was von hinten kommen kann.
So kam's, daß dieser Schmetterling
verwundert war, als man ihn fing.

Blasphemie

Eine gräulichschwarze Fliege
sitzt dort rechts auf der Tapete,
putzt die Flügel und das linke
Mittelbein. — Ich lese Goethe.
Und wie klein erscheint mir dieser
immerhin so große Goethe
neben meiner schwärzlichgrauen
Fliege dort auf der Tapete.

Der Regenwurm

Ein langer dicker Regenwurm
geriet in einen Wirbelsturm,
der trug ihn bis zum Himmel.
Nun dient er oben, nein, wie fein,
dem allerliebsten Engelein
als Klöppel einer Bimmel.

Der Brummer

Der Brummer, der mich so geplagt
und den ich hundertmal gejagt,
und den ich niemals kriegen konnte,
weil er ja leider fliegen konnte,
und der mir manchen Schlaf verdorben,
der Brummer ist, gottlob, verstorben.
Er starb an Bauchweh und Migräne. — —
De mortuis nil nisi bene!

Die Q

Die Q ist, allgemein betrachtet,
derart beliebt und auch geachtet,
daß einst ein hochgelahrter Mann
für unsre Q das »Q« ersann.
So bleibt sie nun, ewig beredt,
als Buchstabe im Alphabet. —
Mich wundert's nur, daß manche Kreise
abhold sind dieser Schreibeweise.

Der Kabeljau

Das Meer ist weit, das Meer ist blau,
im Wasser schwimmt ein Kabeljau.
Da kömmt ein Hai von ungefähr,
ich glaub von links, ich weiß nicht mehr,
verschluckt den Fisch mit Haut und Haar,
das ist zwar traurig, aber wahr. — — —
Das Meer ist weit, das Meer ist blau,
im Wasser schwimmt kein Kabeljau.

Ein Kinderlied

Eiapopeia, was raschelt im Stroh?
Das sind die lieben Mäuschen, die freuen sich so,
denn die Katze ist krank. Nun ringeln sie's Schwänzchen
und heben das Köpfchen und machen ein Tänzchen,
drum raschelt's auch so in dem Stroh.
Eiapopeia, eiapopo.

Die Libelle

Liebe Libelle,
flieg nicht so schnelle!
Denk der Gefahren,
die deiner harren:
Bäume und Zäune,
Äste und Steine
auf allen Wegen!
Du fliegst *dagegen!!!*
Mit gebrochenen Gliedern
liegst du im Staube.
Dann kommt der Herbst,
du vermoderst im Laube ...

Oder ein Vogel
will dich erhaschen,
will dich zerbeißen
und hastig vernaschen ...

Oder ein Forscher
mit seinem Netze!
Erst tut er sachte,
daß nichts er verletze
und freut sich stolz seines Besitzes!
Zu Hause jedoch nimmt er was Spitzes
und sticht's dann
durch deine weichste Stelle:
arme Libelle!
Flieg nicht so schnelle,
genieße die Stunden
oder Sekunden,
die dir zum Leben
gegeben!

Scheint warm die Sonne:
freu dich des Lichts!
Füllt Regen die Bäche,
hast du vom Leben nichts —
im Gegensatz zur Forelle!

Liebe Libelle ......

Dichter und Bauer

Es hat der junge Dichter
für heut genug gereimt,
drum löscht er alle Lichter,
legt sich ins Bett und träumt.
Er träumt von einer Mauer,
die ihm die Sicht verdirbt
und dann von einem Bauer,
in dem ein Vogel stirbt.

Humanistisches Frühlingslied

Amsel, Drossel, Star und Fink
singen Lieder vom Frühlink,
machen recht viel Federlesens
von der Gegenwart, dem *Präsens*.

Krokus, Maiglöckchen und Kressen
haben längst den Schnee vergessen,
auch das winzigste Insekt
denkt nicht mehr ans *Imperfekt*.

Hase, Hering, Frosch und Lachs,
Elke, Inge, Fritz und Max — — —
alles, alles freut sich nur
an dem Jetzt. Und aufs *Futur*.

Das Fischchen

Ein Fischchen einst im Wasser saß
und von dem Wasser wurd es naß,
    das Fischchen.
Das Fischchen wollt gern trocken sein,
doch hatte es kein Handtuch, nein,
    das Fischchen.
Da sprang das Fischchen, hops, an Land
und drehte sich paarmal im Sand,
und als dann kam das Morgenrot,
war's Fischchen trocken — aber tot.
    Das Fischchen.

Löwenzahn

Löwenzahn ist schon seit jeher
als höchst kriegerisch verschrien,
denn er läßt bei gutem Winde
Fallschirmtruppen feindwärts ziehn.
Und ich sitz auf der Veranda
und verzehre meine Suppe
und entdecke in derselben
zwei Versprengte dieser Truppe.

Die Weihnachtsgans

Tiefgefroren in der Truhe
liegt die Gans aus Dänemark.
Vorläufig läßt man in Ruhe
sie in ihrem weißen Sarg.

Ohne Bein, Kopf und Gekröse
ruht sie neben dem Spinat.
Ob sie wohl ein wenig böse
ist, daß man sie schlachten tat?

Oder ist es doch zu kalt ihr?
Man sieht's an der Gänsehaut ...
Nun, sie wird bestimmt nicht alt hier:
morgen wird sie aufgetaut.

Hm, welch Duft zieht aus dem Herde
durch die ganze Wohnung dann!
Macht, daß gut der Braten werde,
morgen kommt der Weihnachtsmann!

Drei Bären

Ein Brombär, froh und heiter, schlich
durch einen Wald. Da traf es sich,
daß er ganz unerwartet, wie's
so kommt, auf einen Himbär stieß.

Der Himbär rief – vor Schrecken rot –:
»Der grüne Stachelbär ist tot!
Am eignen Stachel starb er eben!«
»Ja«, sprach der Brombär, »das soll's geben!«
und trottete – nun nicht mehr heiter –
weiter ...

Doch als den »Toten« er nach Stunden
gesund und munter vorgefunden,
kann man wohl zweifelsohne meinen:
Hier hat der andre Bär dem einen
'nen Bären aufgebunden!

Hund und Herrchen

Egal, von welcher Art und Rasse,
ob tief er bellt, ob hoch er kläfft,
der Hund macht alles auf der Straße –
und auf die Straße sein Geschäft.
Die Katze ist da etwas feiner:
sie hat ihr Klo, auf das sie geht,
und wie sie liebt, das sah noch keiner –
man hört es höchstens, abends spät.
Der Hund dankt stets für jede Strafe,
er leckt die Hand, die ihn versehrt.
Er ist des Herrchens treuster Sklave –
doch meistens ist es umgekehrt.

Gänseblümchen

Ein Gänseblümchen liebte sehr
ein zweites gegenüber,
drum rief's: »Ich schicke mit 'nem Gruß
dir eine Biene 'rüber!«

Da rief das andere: »Du weißt,
ich liebe dich nicht minder,
doch mit der Biene, das laß sein,
sonst kriegen wir noch Kinder!«

Die Tauben und Beethoven
Bonner Impression

Die Tauben landen auf dem Rasen
und trampeln drauf mit ihren Pfoten,
als ob sie das Schild noch niemals lasen:
Betreten des Rasens verboten!

Dann setzen sie sich in die Ohren
vom armen Beethoven, dem kalten.
Sie haben es sich wohl geschworen:
Wir *Tauben* müssen zusammenhalten!

Von oben herab und von hinten bekleckern
sie den Komponisten wie unartige Gören —
man kann noch so bitten und drohen und meckern:
Die *Tauben* wollen nicht hören!

Sie scheinen bisher aller Mittel zu spotten,
deshalb, glaub ich, müßt man sie dazu bewegen,
um sie ein für allemal auszurotten,
nur *taube* Eier zu legen!

Die Schlange

Die Schlange kriecht — als leide sie
an schlechtem, unreinem Gewissen,
weil Ad und Eve, weil beide sie
durch sie in einen Apfel bissen.

Der Mensch hat dies schon oft bereut,
und über ihn ging mancher Sturm hin ...
Und in so manchem Obst ist heut —
und nicht in dem nur — noch der Wurm drin.

Heißer Mai

Es ist sehr heiß.
Leise rieselt der Schweiß.

Sogar die Lerche,
sonst schwer zu zügeln,
flattert ganz langsam:
sie schwitzt unter den Flügeln.

Und auch die Schwalbe
fliegt nur die halbe
Geschwindigkeit in der Stunde.

In aller Munde
ist dieses Lied:

Leise rieselt der Schweiß —
und das vor Ende des Mais!

Weidende Seekuh

Die Seekuh weidet auf dem Grund
des Ozeans. Stumm ist ihr Mund;
denn finge an sie, laut zu singen,
würd ihr das Meer ins Innre dringen —
und dieses Naß, welches sie schluckt,
verdürbe dann das Milchprodukt,
das, schon seit jeher äußerst rühmlich,
wohl jeder Seekuh eigentümlich.

So weidet unsre Meereskuh
mit Appetit, doch ohne Muh . . .

Auf den Tod meines Hundes

Auf dem Berge steht ein Häuschen,
um das Häuschen ist ein Garten,
und am Zaun vor diesem Garten
war's, wo wir den Hund verscharrten.
Ach, er starb an einer Gräte,
die im Hals beim Atmen störte,
und die ja, genaugenommen,
da auch gar nicht hingehörte.
Und nun stehe ich am Grabe,
pflanz Vergißmeinnicht und bete.
Von dem Kirchturm schlägt es sieben,
von dem Schellfisch war die Gräte.

Der verstimmte Elefant

Jede Mücke hat den kleinen
Rüssel, der so oft und gerne sticht,
auch der Elefant hat einen,
aber stechen kann er damit nicht.
Deshalb ist wohl unser Riese
leider immer irgendwie verstimmt,
grade so, als ob er diese
Schwäche seinem Schöpfer übelnimmt.

Die Katze

Die Katze hat ein gelbes Fell
und sitzt auf meinem Schoße.
Sie mag gern Fisch und eventuell
auch Schmorbraten mit Soße.

Auch fängt sie Mäuse dann und wann
und ab und zu — was seh ich! —
mal einen Vogel, doch nur dann,
wenn er des Flugs nicht fähig.

Oft bleibt sie meiner Kate fern;
dann weilt sie gegenüber.
Sie hat zwar meine Kate gern;
doch ist ihr 'n Kater lieber.

Die Made

Hinter eines Baumes Rinde
wohnt die Made mit dem Kinde.

Sie ist Witwe, denn der Gatte,
den sie hatte, fiel vom Blatte.
Diente so auf diese Weise
einer Ameise als Speise.

Eines Morgens sprach die Made:
»Liebes Kind, ich sehe grade,
drüben gibt es frischen Kohl,
den ich hol. So leb denn wohl!
Halt, noch eins! Denk, was geschah,
geh nicht aus, denk an Papa!«

Also sprach sie und entwich. —
Made junior aber schlich
hinterdrein; und das war schlecht!
Denn schon kam ein bunter Specht
und verschlang die kleine fade
Made ohne Gnade. Schade!

Hinter eines Baumes Rinde
ruft die Made nach dem Kinde ...

Eßt mehr Fisch

Das Meer reicht bis zum Strande
und dann verläuft's im Sande
ganz plötzlich und abrupt.

In ihm gibt's viele Fische,
die essen wir bei Tische
gekocht und abgeschuppt.

Doch wozu gibt's die Gräten?
Sie wären nicht vonnöten,
sie schmälern den Genuß.

Denn bleibt mal eine stecken,
so kann man leicht verrecken —
viel eher, als man muß!

Knabe mit erkältetem Käfer

Auf meiner linken Schulter sitzt
ein Käfer, rot mit schwarzen Tupfen.
Er ist vom Fliegen ganz erhitzt,
nun kriegt er sicher einen Schnupfen.
Ich nehm ihn in die Hand und renn
mit ihm nach Haus über die Wiesen.
Er muß sofort ins Warme, denn
ich höre ihn bereits schon niesen.

Die Eule

Eine Eule saß und stierte
auf dem Aste einer Euche.
Ich stand drunter und bedachte,
ob die Eule wohl entfleuche,
wenn ich itzt ein Steunchen nähme
und es ihr entgegenschleuder?
Dieses tat ich. Aber siehe,
sie saß da und flog nicht weuter.
Deshalb paßt auf sie die Zeule:
   Eule mit Weule!

Bel Ami

Etwas, was uns in dem Leben
jedesmal mit Recht mißfällt,
das ist das, wenn in der Neben-
wohnung eine Hündin bellt.
Ich ging also hin und schellte;
doch ich klagte ohne Grund,
denn was da so dauernd bellte,
war nicht Hündin, sondern Hund.
Hieß Ami und war ein Dober-
mann vom Scheitel bis zum Schwanz
und gehörte einem Ober-
lehrer. (An der Türe stand's.)
Der Ami war so bescheiden
und so lieb, daß ich verzieh:
»Lieber Freund, ich mag dich leiden,
wenn du willst, dann bell, Ami.«

Lieder der Wüste

1
Die Sonne brütet,
als sei sie ein Vogel,
der auf seinen Eiern sitzt
und schwitzt.

Ein Sandkorn betet.
Es möchte tiefer und tiefer
zu seinen Brüdern sinken
und trinken.

Wie weit ist Nirwana ———?

Über die Düne schreitet
ein Leu.
Blickt sich um, als wär er
hier neu ...

Ich muß weiter, denn
aus der Ferne winken
Fata und Mutta Morgana ———

2
Die Oase träumt im Schatten
hoher Palmen, deren Wedel
leise wippen, leise wippen.

Ein paar tote Menschenschädel,
die schon beßre Zeiten hatten,
liegen 'rum, liegen 'rum.

Plötzlich kommen zwei Kamele:
erst ein großes schweren Schrittes,
drauf ein kleines leichten Trittes.

Sie benetzen ihre Kehle
mit des Tümpels trüber Soße.

Dann enteilen die Kamele:
erst das kleine, dann das große.*

Kleiner Vogel

Kleiner Vogel dort im Baum,
sing doch bitte leiser;
denn wenn du so weiter machst,
wirst du noch ganz heiser!
Und die Stimme, die du hast,
klingt dann nicht mehr länger,
dann brauchst du ein Mikrofon,
wie'n moderner Sänger ...!

---

* Diese Neudichtung eines uralten Studentenulks ist tunlichst am Klavier vorzutragen, wobei das große Kamel durch tiefes »plum-plum«, das kleine durch hohes »plim-plim« zu charakterisieren ist. Bei der letzten Zeile empfiehlt es sich, während der Worte »... dann das große« sich vom Klavier zu erheben und wegzugehen. Ein paar lachen dann immer.

Der Stier

Ein jeder Stier hat oben vorn
auf jeder Seite je ein Horn;
doch ist es ihm nicht zuzumuten,
auf so 'nem Horn auch noch zu tuten.
Nicht drum, weil er nicht tuten kann,
nein, er kommt mit dem Maul nicht 'ran!

Vogel und Baum

Man sieht die Lerchen mit Gesang
hoch in die Lüfte steigen.
Nur die mit »e«! Die mit dem »ä«,
die stehen da — und schweigen.

Das Finkennest

Ich fand einmal ein Finkennest,
und in demselben lag der Rest
von einem Kriminalroman.
Nun sieh mal an:
der Fink konnt lesen!
Kein Wunder, es ist ein *Buch*fink gewesen.

Der große weiße Vogel

Die Sekretärin, die ich hab,
heißt Fräulein Vera Kleinzig.
In Sachen Schminke und Frisur
und Kleidung ist sie einzig!
Doch stets guckt sie mich dämlich an,
wenn ich sie etwas frage,
und tippt sie einen Brief, braucht sie
dafür genau zwei Tage!
Und wenn sie einen Kaffee kocht —
na, das ist ein Gebräue...!
Doch ich bin immer nett zu ihr:
Man kriegt so schwer 'ne neue!
Drum: »großer, weißer Vogel« nenn
ich sie, wenn sie wie 'n Zwerg schafft —
denn: sag ich »dumme Gans« zu ihr,
dann geht sie zur Gewerkschaft!

Ein Volkslied

Wenn ich ein Mundschmiß* wär
und auch zwei Schaufeln hätt,
grüb ich mich ein.
Weil ich kein Mundschmiß bin
und keine Schaufeln hab,
laß ich es sein.

---

* Vom Volksmund auch »Maulwurf« genannt. Es ist aber unschicklich, ein Maul in den Mund zu nehmen! Auch habe ich den »Wurf« als unfein verworfen!

Etwas über den Kuckuck

Vorgestern erzählte ein schlichter Jäger seine Erlebnisse aus Wald und Flur. Er plauderte von Bäumen und Tieren — besonders nett aber sprach er vom Kuckuck, der, wie er meinte, in freier Wildbahn ein ebenso verstecktes Dasein führe, wie bei ihm daheim an den Möbeln. Der Jäger sagte weiter: »Der Kuckuck lebt hauptsächlich in nach ihm benannten Uhren. Er ist also ein typisches *Uhr*viech. Man findet ihn aber auch im Freien, wo man ihn aber so gut wie fast selten sieht. Doch *wenn* man ihn mal sieht, dann hört man ihn höchstens. Neulich«, fuhr der Jäger fort, »ging ich im Wald einher, als mir plötzlich ein Kuckuck um die Ohren flog. Natürlich *ohne* Uhr! Ich riß nicht nur mich zusammen, sondern auch das Gewehr hoch! Zuerst drückte ich es an die Wange und dann ab! Aber da fiel mir ein, daß man erstens auf Kuckucke gar nicht schießen darf und zweitens, daß ich mein Gewehr überhaupt nicht bei mir hatte.«
Ich hoffe, daß ich diese Geschichte richtig übersetzt habe; denn obiger Jäger bediente sich natürlich des *Lateins*.

Der Spatz

Es flog ein Spatz spazieren
hinaus aus großer Stadt.
Er hatte all die Menschen
und ihr Getue satt.

Er spitzte keck den Schnabel
und pfiff sich was ins Ohr.
Er kam sich hier weit draußen
wie eine Lerche vor.

Er traf hier auch manch Rindvieh,
sah auch manch Haufen Mist ...
Er sah, daß es woanders
auch nicht viel anders ist.

Fische

Es gibt viele Arten von Fischen — aber nur wenige Unarten, die sie nicht haben.
Teils bewegen sie sich an der Oberfläche — teils gehen sie in die Tiefe.
Man hat sie zum Fressen gern — besonders die Backfische.
Manch toller Hecht — eben sang er noch aus voller Kieme — zappelt plötzlich an der Angel.
Zu spät fallen ihm die Schuppen von den Augen.
Fische sind sehr sensibel. Werden sie beleidigt, so strecken sie die Seezunge 'raus und denken sich den Götz. Sie sind eben manchmal etwas barsch ... Aber bald reichen sie ihrem Kontrahenten die Flosse — und alles ist wieder gut.
Manche Fische sind aalglatt — und es ist ihre Masche, durch eine Masche des Netzes, mit dem man sie fangen wollte, zu schlüpfen.
Einige nehmen das Maul etwas voll. Das ist nicht schlimm. Es ist nur Wasser.
Fische werden vom 20. Februar bis zum 20. März geboren — also im Mai gezeugt.
Ist es da ein Wunder, daß sie besonders liebevoll geraten sind ...?

Die Kellermaus

Es wollte eine kleine Maus
— im Keller wohnhaft — hoch hinaus;
und eines Nachts, auf leisen Hufen,
erklomm sie achtundneunzig Stufen
und landete mit Weh und Ach
ganz oben, dicht unter dem Dach.
Dort wartete bereits auf sie
die Katze, namens Doremi. – – –

Kaum, daß das Mäuslein nicht mehr lebte,
geschah's, daß eine Fledermaus
ein paarmal um die Katze schwebte,
zur Luke flog und dann hinaus.
Da faltete die Katz, die dreiste,
die Pfoten und sprach: »Ist das süß!
Da fliegt die Maus, die ich verspeiste,
als Engelein ins Paradies!«

Ein Zyklus

Der Frühling
Und wieder ist es Mai geworden,
es weht aus Süden statt aus Norden.
Die Knospen an den Bäumen springen,
und Vogel, Wurm und Kater singen:
fidirallala, fidirallala.

Der Herbst
Und wieder ward es Herbst hienieden,
es weht aus Norden statt aus Süden.
Die Knospen an den Bäumen ruhen,
und auch die Kater haben nichts zu tuen.
Rallafididi, rallafididi.

Märchen

Das Märchen vom Meerchen und dem Käfer

Es war einmal ein Meerchen.
Es war kein altes Meerchen. Es gab es erst seit vorvorgestern. Deshalb schwammen auch noch keine Fische oder Krebse in ihm. Nur ein einsamer Käfer durchfurchte die Wogen — leider unfreiwillig: er war aus Versehen da hineingeraten.
»Nanu? Neulich noch bin ich trockenen Fußes dieses Weges gegangen, und heute zapple ich in einem Ozean? — Ob ich die etwa 7 km (Abkürzung für *K*äfer*m*eter) bis zum Ufer schaffe?«
Also sprach der Käfer. Er hätte lieber den Mund halten sollen; denn so schluckte er zuviel Wasser. Und da er schließlich kein Wasserkäfer war, verließen ihn die Kräfte — und bald darauf die Sinne———
Der Regen hatte endlich aufgehört, und die vielen hundert Tröpfchen des Meerchens kletterten an den Sonnenstrahlen empor, um sich zu erwärmen und da oben irgendwo ein kleines Wölkchen zu bilden. Unten aber war von der Pfütze nichts mehr nachgeblieben. Nur ein toter Käfer lag im Sand und streckte alle sechse von sich...
Und wenn es vorvorgestern, vorgestern und gestern nicht geregnet hätte, dann lebte er noch heute, morgen und übermorgen.

Die kleinen Elefanten

Es war einmal ein großer Feldherr. Er lebte vor über zweitausend Jahren in Karthago und hatte um sein Haus einen riesigen Zaun gezogen, von dem er ab und zu einen Krieg brach. Seine berühmtesten Kriege waren die Punischen, die überall panischen Schrecken verbreiteten.
Eines schönen Tages nun versammelte er riesige Elefanten mit einer ebenso riesigen Streitmacht um sich, ergriff ein

Messer und stach ins Mittelmeer. Er wollte in Italien sein Augenleiden kurieren: war ihm doch Rom schon seit langem ein *Dorn im Auge!*
Er muß wohl ungenaue Landkarten gehabt haben: statt in Italien landete er in Spanien. Da er aber schon mal da war, eroberte er es. Er war, wie gesagt, ein großer Feldherr.
Schließlich kam er an ein ziemlich großes Gebirge. »Aha«, sagte er, »die Alpen!« Aber nein, es waren bloß die Pyrenäen. »Das macht nichts«, sprach er, »dann sind eben die Pyrenäen die Generalprobe für die Alpen!«
Sie gelang vortrefflich, was eigentlich kein gutes Omen war ...
Endlich erreichte er den Montblanc. Angesichts dessen fiel ihm ein, daß er seinen Filzschreiber vergessen hatte und nun seiner Frau keine Ansichtskarte schreiben konnte.
Ohne besondere Unfälle schlängelte er sich mit Mann und Maus resp. Elefant mal aufwärts, mal abwärts — aber hauptsächlich vorwärts ...
Lag es nun daran, daß die riesigen Elefanten vor den noch riesigeren Bergen Hemmungen bekamen, weil sie in dieser Umgebung so klein wirkten — welch Grund es auch immer gewesen sein mag: sie begannen, sich leise aus dem Staube zu machen!
Als der große Feldherr den Po erreichte, setzte er sich vor Schreck auf denselben; denn 96 % von seinen 102 Elefanten waren verschwunden! ...
Inzwischen hatten sich die geflohenen Tiere in Gletscherspalten oder hinter Felsen versteckt und kamen erst wieder hervor, als die Luft rein war. Und hier oben war sie immer rein — aber auch sehr dünn. Und das letztere war es eben!
Es kann nur an der dünnen Luft und vielleicht auch an der ständigen Kälte gelegen haben, daß die *Nachkommen* der zurückgebliebenen Elefanten auch im Wuchs zurückblieben! Sie wurden im Laufe der Jahrtausende immer kleiner und kleiner, bis sie schließ- und endlich nur die »Größe« einer

Mücke erreichten. Daher stammt sicher auch der Ausspruch »aus der Mücke einen Elefanten machen«.
Außerdem nahmen diese possierlichen Tierchen allmählich eine schneeweiße Schutzfarbe an, so daß sie vom ewigen Eis und Schnee nicht mehr zu unterscheiden waren.
Das ist wohl auch mit ein Grund, weshalb die kleinen Elefanten noch nie einer gesehen hat ...

Das Eingemachte der Witwe Lehmann
(Nach einer Story der Grimm Brothers)

Es war einmal ein armer Bauer. Er besaß nichts als vier Tiere: einen Esel, der immer beleidigt war, wenn man ihn so nannte, einen Hund, der es übelnahm, wenn man ihm etwas vorwarf — außer Knochen natürlich —, einen Kater, der fast blind war, weil er seine Brille verloren hatte und der Bauer ihm keine neue kaufen konnte, und einen Hahn, der — und das war das schlimmste! — demnächt in den Kochtopf sollte nach dem Motto: Da kocht der alte Suppenhahn, den wir noch gestern huppen sahn ...
Eines Tages nun beschlossen diese vier Tiere, dem Bauern zu kündigen: erstens die Freundschaft und zweitens zum Ersten.
Als der 1. anbrach, fragte der Hahn die anderen: »Was machen wir jetzt?« — »Wir gründen ein Gesangsquartett und gehen damit auf Tournee!« meinte der Kater. »Au ja«, sagte der Hund, »die Menschen lieben meinen Gesang!« Worauf der Esel beistimmte: »Dös glaab i-a!« (Er war nämlich aus Bayern.)
Also marschierte das Ensemble los, bis es — die Dunkelheit war schon eingebrochen — auf ein einsames Haus mit einem matterleuchteten offenstehenden Kellerfenster stieß, hinter dem sich zwei Männer zu schaffen machten, weil sie ebenfalls eingebrochen waren. Sie sichteten gerade das Einge-

machte der verblichenen Witwe Lehmann. Um diesen beiden schwerarbeitenden Menschen die Zeit zu verkürzen, beschlossen unsere vier Freunde, hier ihr erstes Konzert zu geben. Der Hund sprang auf den Esel, der Kater auf den Hund und der Hahn auf den Kater. Dann zählte der Esel vier vor, und ——— sie begannen zu singen ...

Mag es nun an der zu kurzen Probenzeit gelegen haben, oder waren die Sänger indisponiert, oder entstammte das dargebotene Werk der Feder eines zeitgenössischen Komponisten, egal, die Räuber bekamen einen furchtbaren Schreck und flohen, die gesamte Beute zurücklassend. Unsere vier Künstler aber nisteten sich gemütlich im Keller ein und genossen die Früchte bzw. das Eingemachte ihres ersten Konzerts.

Ob sie noch weitere Konzerte gaben, ist nicht bekannt, wohl aber, daß sie, wenn sie auch gestorben sind, noch heute leben, und zwar — als die Bremer Stadtmusikanten ...

Der alte Wolf
Auch 'n Märchen

Der Wolf, verkalkt und schon fast blind,
traf eine junge Dame:
»Bist du nicht *Rotkäppchen*, mein Kind?«
Da sprach die Dame: »Herr, Sie sind ———!*
Schneewittchen ist mein Name!«

---

* ——— wohl blöd?« wollte sie sagen. Aber so etwas *denkt* eine Dame nur!

»Schneewittchen? Ach, dann bist du die
mit diesen 7 *Raben*?«
Sie antwortete: »Lassen Sie
sich lieber gleich begraben!
Mit 7 *Zwergen* hatt ich mal
zu tun — das waren nette...!«
»Ach ja! du durftest nicht zum Ball,
und *Erbsen* waren nicht dein Fall,
besonders nicht im Bette...!«

Da lachte sie hell ha-ha-ha,
dann: »Darf ich Sie was fragen?
Sie fraßen doch die *Großmama*,
wie hab'n Sie die vertragen?«

»Das ist nicht wahr, daß ich sie fraß,
ich krümmte ihr kein Härchen!
Die Brüder *Grimm*, die schrieben das
für kleine Kinderchen zum Spaß —
das sind doch alles Märchen...!«

Mancher, der ein Buch liest, murrt ...

... wenn er Werbung findet, wo er Literatur suchte. Reklame in Büchern!!!? Warum nicht auch zwischen den Akten in Bayreuth oder neben den Gemälden in der Pinakothek?

«Rowohlts Idee mit der Zigarettenreklame im Buch (finde ich) gar nicht anfechtbar, vielmehr sehr modern. Hauptsache, es hat Erfolg und nützt dem Buch, was die deutsche Innerlichkeit dazu sagt, ist allmählich völlig gleichgültig, die will ihren Schlafrock und ihre Ruh und will ihre Kinder dußlig halten und verkriecht sich hinter Salbadern und Gepflegtheit und möchte das Geistige in den Formen eines Bridgeclubs halten – dagegen muß man angehen...»

Das schrieb Ende 1950 – Gottfried Benn.

An Stelle der «Zigarettenreklame» findet man nun in diesen Taschenbüchern Werbung für Pfandbriefe und Kommunalobligationen. «Hauptsache, es hat Erfolg und nützt dem Buch.» Und es nützt auch dem Leser. (Für die Jahreszinsen eines einzigen 100-Mark-Pfandbriefs kann man sich beispielsweise zwei Taschenbücher kaufen.)

Pfandbrief und Kommunalobligation

Meistgekaufte deutsche Wertpapiere - hoher Zinsertrag - schon ab 100 DM bei allen Banken und Sparkassen

Verbriefte Sicherheit

Theater, Oper, Konzert, Film und Fernsehen

Was es nicht alles gibt

Zunächst ist da der Vorhangmann —
eh der nicht zieht, fängt es nicht an!
Sehr nützlich ist der Inspizient —
er klingelt immer, ruft und rennt!
Fürs Haar ist wichtig die Frisöse —
für'n Text nicht minder die Sufflöse!
Den Anzug bügelt der Gardrober —
das Bier bringt der Kantinenober!

Dann gibt es die Kulissenbauer —
und Komiker, die immer sauer!
Es gibt den Held, den Bongwiwang —
und die Suhbrette mit Gesang!
Heldenmutter — Heldenvater —
auch diese braucht man am Theater!

Wen gibt's denn noch? — Den Intendanten!
Und dann vor allem: INTRIGANTEN —
Intriganten – Intriganten – Intriganten —

Hallo, Schwan!

Schon lange vor der Eisenbahn
gab's als Transportmittel den Schwan.
Wolltst du verreisen noch so weit:
ein Schwan mit Kahn stand stets bereit!
Du nanntest ihm das Endziel bloß,
stiegst ein, und, hui, schon ging es los!

Nun war — ganz in der Näh vom Grale —
so eine Art von Schwan-Zentrale,
in der erregt ein Herr erschien
und rief: »Ich bin der Lohengrin!
Und haben Sie wohl an der Hand
'nen Schwan? Ich muß gleich nach Brabant!
Ich bitte um ein schnelles Tier,
denn Elsa ruft schon sehr nach mir!
Auch hätt ich — sagen Sie's der Leitung! —
den Schwan gern mit Musikbegleitung!« —

Was weiter war — und wie's gewesen,
bitt ich bei Wagner nachzulesen!

Der Mohr von Venedig
Frei geräubert bei Schiller

Unterm Einfluß eines Föhns
dichte ich jetzt mal was Schöns:
es ist kürzer und auch stiller
und ganz anders als bei Schiller! —

Franz Mohr, bekannt als »die Kanaille«,
trug stets den Dolch an seiner Taille.
Doch einmal, ach, im grimmen Zorne
stach er von hinten zu und vorne,
worauf sich wund das Opfer wand
und Franz in dessen Blute stand!

Nach dieser unheilschwangern Tat
rief er: »Jetzt ham wir den Salat!
Mein Beinkleid ist vom Blut gerötet!
Den Leichnam dort hab ich getötet!
Der Anblick ist nicht grade schön!
Auf Wiedersehn! Der Mohr kann gehn!«

Und so geschah's, daß Franz entfloh
(über die Alpen, übern Po
und weiter), bis er ungehemmt
zur Stadt kam, die stets überschwemmt.

Hier — mußte er sich nicht verstecken!
Hier — konnt er seine Hos entflecken!
Hier — blieb Franz Mohr lang, brav und ledig
und hieß ab hier — »Mohr von Venedig«!*

---

* Einige neuere Literaturgeschichten behaupten, wahrscheinlich, um sie *farbiger* zu gestalten, der »Mohr von Venedig« sei ein *Schwarzer* gewesen. Bei Schiller jedoch findet sich kein Hinweis, daß Fr. Mohr (den er übrigens undelikaterweise mit oo schreibt) negroiden Ursprungs war.

Hanneles Siegesfahrt

Da war ein Mädchen jung und stark
und gut von Wuchs und hieß Jeanne d'Arc.

Erst hütete sie Vaters Ziege,
dann träumte sie vom großen Siege!
So ging sie eines Tags aufs Ganze:
kaufte sich Rüstung, Helm und Lanze,
und schon nach ziemlich kurzer Zeit
fand Männer sie, zum Kampf bereit!
Mit diesem Fähnlein griff sie dann
des Königs böse Feinde an!

Bei Orleans errang, so schien's
(auf englisch heißt der Ort Orliens!),
sie ihren Sieg! Doch nicht weit her
war es damit: es geht die Mär,
sie sei, was nicht so sehr erheitert,
am Scheiterhaufen dann gescheitert!

Beckmesser*

Er war ein angesehner Herr
und wohl der klügsten einer,
doch spricht von ihm als Kriti-Kerr**
— und auch als Mensch — heut keiner!

---

* Gemeint ist hier der Wiener Musikkritiker *Eduard Hanslick* (1825–1904).
** *Kerr, Alfred* (1867–1948), auch 'n berühmter Kritiker.

Wie bös hatte er Wagners »Ring«
und Bruckners Werk verrissen,
auch von Puccinis »La Bohème«
wollte er nicht viel wissen!

Wie lobte er den Meyerbeer
und Straußens »Ritter Pasman«!
Was er getadelt, lebt noch heut —
was er gelobt, vergaß man!

Merke:
Der Irrtum ist der Menschen liebstes Kind,
besonders, wenn sie Rezensenten sind!

Querschnitt durch Verdi

Othello war schwarz wie ein Mohr
und ziemlich klug — obwohl Tenor —
und lebte nicht ganz ledig
in Venedig.

Doch eines Tags sah er *Aida*
und sprach zu sich: »Wer ist denn die da?
Die ist mein Typ — die wär mein Fall so!«
Na also!

Doch hatte Pappa *Rigoletto*
für sie 'nen andern Mann in petto:
Don Carlos hieß der Mann in spe.
Olé!

Sie aber liebte einen Dritten.
Den brauchte sie nicht lang zu bitten,
den *Rhadames;* denn der war nur
Troubadour!

Wanderer am Morgen

Der Rekrut (1941)

Mit Filmtochter Elke Aberle in «Witwer mit 5 Töchtern»

Verlobt

Mein Sohn Gero, der Kameramann

Mein Zipchen

Mit Grethe Weiser in «Der Haustyrann»

Mit H.-J. Kulenkampff und W. Giller in «Drei Mann in einem Boot»

Der gut gerüstete Verfasser bei der Abfassung der «Geschichte vom Ritter Fips»

Doch der sang seine Serenatas
viel lieber vor dem Haus *Traviatas!*
Sie lauschte ihm auf dem Balkone
mit »ohne«.

Vielleicht hat er zu oft gesungen —
egal, sie kriegte kalte Lungen;
und, von dem Nachtwind angepustet,
hat sie dem Rhadi was gehustet.
Da sagte sich der Liebessänger:
»Die steckt mich an! Ich sing nicht länger!«
Und er verließ die Kranke.
Na danke! —

Aida aber und Othello
entleibten sich — das ging ganz schnell, oh! —
in Verona:
Aida wegen Rhadames,
Othello wegen Madame *Des-*
demona . . .

Mary and Lisa

Es waren mal zwei Königinnen,
ganz gut von Wuchs und stolz von Sinnen;
doch leider konnten sich die beiden
von Hause aus nicht so recht leiden.

Sie nannten sich zwar meistens »Schwester«,
doch schuld am Krach war ein Lord Lester!
Sie liebten ihn und litten seelisch. —
Die war katho-, die evangelisch. —

Und eines regenfeuchten Tages,
da sagte Lisa: »Ich ertrag es
nicht länger, daß die Mary mir
den Lord wegschnappt! Ich zeig es ihr!
Ich will, daß man sie gleich verhafte!!«
Worauf man sie in'n Kerker schaffte ...

Dort saß die Mary viele Wochen,
hat nichts gegessen, nichts gesprochen —,
drum freute sie sich ungemein,
als Lisa schrieb: »Mein Schwesterlein,
wir wollen unsern Stunk vergessen!
Ich hol dich morgen ab zum Essen!«

Und so geschah's, daß nach dem Lunch
die beiden, wie fast jeder Mensch,
sich gern etwas im Park ergingen.
Sie unterhielten sich von Dingen,
die intressant von Schwes- zu Schwester ...
Doch fiel kein Wort über Lord Lester,
bis plötzlich Mary sich vergaß
und rief: »Du bist ein Rabenaas!
Ein Scheusal und ein Mistpaket ...!«
Was Lisa nicht gefallen␣tät:
»Ich unternehme neue Schritte!«
so schrie sie und ging durch die Mitte
ab!
Knapp
sechs Wochen drauf bestieg, o Gott,
die arme Mary das Schafott!
Verlor den Kopf, den sie zuvor
in Lisas Park schon mal verlor ...

Tannhäuser
oder
Die Meistersinger in der Wartburg
(in 5 Abteilungen)

I
Es saß, laut Richard Wagners Werk,
Herr Tannhäuser im Hörselberg —
doch nicht allein, das war es eben:
die Dame Venus saß daneben.
Sie war begabt mit ganz enormen
und angenehmen Körperformen.
Sie schmiegte sich an seine Lende,
er drückte ihr dafür die Hände.
Dann sangen beide ein Duett,
und hinten tanzte das Ballett.

Sie liebte und liebkoste ihn,
und grade das erboste ihn!
Das immer gleiche Einerlei,
das tägliche Tandaradei,
das viele Tanzen und die Lieder
warn bald dem Tanni höchst zuwider,
weshalb er — es war kurz vor zehn —
ganz plötzlich ausrief: »Laß mich gehn!
Mich hält nichts mehr! Leb wohl, ich muß!«
Worauf sie sprach: »Red keinen Stuß!
Du bist mein Held, du bist mein Sänger!
Verweil doch noch ein wenig länger!« —
Und so blieb alles wie vorher:
das Singen, Tanzen und auch er.

2

Inzwischen waren Tage, Wochen
und Monate ins Land gekrochen,
als Tannhäuser plötzlich erwachte,
doch anders, als er es sich dachte:
er lag, statt auf der weichen Chaise,
im harten Gras! Es roch nach Käse,
und eine Magd mit ganz enormen,
doch nicht so guten Körperformen
behütete der Kühe Herde,
auf daß sie nicht gestohlen werde.

Sofort befragte er die Maid
nach Ort der Handlung und der Zeit
und sah zur Linken und zur Freude
ein gar gewaltiges Gebäude;
und aus der Magd geräum'gem Munde
vernahm er dann die frohe Kunde,
daß dieses Bauwerk hoch und hehr
die sogenannte Wartburg wär.
»Die Wartburg? Die ist mir bekannt!«
sprach da der Venus-Emigrant,
»ich will mich jetzt dorthin bemühen!
Leb wohl! Empfiehl mich deinen Kühen!«

3

Als Tannhäuser sein Ziel erreicht —
das Gehen fällt ihm noch nicht leicht —
und er dem Tor der Wartburg naht,
da hält ihn an ein Wachsoldat:
was er hier wünsche oder wolle,
und daß er sich entfernen solle!
Hier fände heut ein Wettkampf statt,
doch nur für den, der Stimme hat!
»Dann bin ich richtig! Auf das Tor!
Laß mich hinein! Ich bin Tenor!«

Nachdem er so sich ausgewiesen,
läßt der Soldat passieren diesen.

4
Herr Tannhäuser betrat die Halle,
und, sieh mal an, hier warn sie alle:
Hans Sachs, Jung-Siegfried, und selbst Hagen,
der aus Westfalen, wollt's mal wagen!
Auch 'n Holländer war da als Streiter!
(Es gab schon damals Gastarbeiter!)

Herr Tannhäuser erfuhr inzwischen
die Regeln, um hier mitzumischen:
das, was er singt, sei einerlei,
wenn's nur von Richard Wagner sei!

Der Eschenbach war grade dran
mit 'm »Abendstern« — und er gewann
die allermeiste Sympathie.
Kein Wunder: mit *der* Melodie!

Und dann betrat die wunderschöne
Elisabeth von links die Szene!
Man zollte große Achtung ihr,
denn sie war ja die Chefin hier!

Sie gab bekannt, was so passiert sei,
und daß die Halle renoviert sei,
weshalb sie hoch und breit und lang
von ihrer »teuren« Halle sang!

Doch schließlich ging ihr Lied vorüber,
und auch der Tannhäuser ging lieber ...

5
Er ging — und stand nun vor dem Tor.
Da kam ein langer Pilgerchor,
der grade nach Italien strebte
und hauptsächlich vom Singen lebte.

Als er den Pilgerzug erblickte,
schrie er, so daß er fast erstickte:
»Hinweg, ihr Socken und ihr Schuhe,
's wird Zeit, daß ich jetzt Buße tue!
Wie sündig ist mein ganzer Leib!
Wer schert mein Haar? Was schert mich Weib!
Auch ich kauf mir so eine Kutte!
Ich pfeif auf Venus, diese —!« »Nu — n«,
sprach da des Pilgerzuges Leiter,
»so pilgre mit uns! Gleich geht's weiter!«
»Ich bin für euch nicht gut genug!
Geht! Ich komm mit dem nächsten Zug!« —

Ob er nun tatsächlich gezogen
gen Rom — oder ob er gelogen
(wir wollen nur das erste hoffen!),
bleibt offen ...

Hero und Leander*
oder Falsche Sparsamkeit

I
Die Ansichtskarte

Der Hero und auch die Leander,
die hatten gar nichts miteinander.

Das lag hauptsächlich an der Länge
und Breite jener Meeresenge,
die man, hat man nicht grad gepennt,
als *Hellespont* von früher kennt.

Doch war der Hero ja schon immer
bekannt als Sportler, nämlich Schwimmer,
weshalb er eines Mittwochs rief:
»Ich schwimme zu ihr, ist's auch tief!
Ist auch die Strecke naß und lang —
was macht das schon, mir ist nicht bang!
Ich arbeite bis Freitag bloß,
dann schwimme ich nach Dienstschluß los!«

---

* Schon der österreichische Dichter Parzer, der nebenbei auch den Grill erfand und deshalb meist *Grillparzer* genannt wird, hatte obiges Liebespaar in seinem Lustspiel »Des Meeres liebe Wellen« zum Vorwurf genommen, ohne daß man ihm einen solchen machen könnte...!

Drauf schrieb er eine Ansichtskarte:
»Ich komm ganz früh am Samstag, warte!
Doch weil du, liebe Lea, faktisch
direkt am Ufer wohnst, was praktisch,
so zünde eine Kerze an
und stell sie in dein Fenster dann,
damit sie leuchte und mich leite
zu dir, bis auf die andre Seite!
In sechs bis sieben Stunden höchstens
bin ich dann da! — Leb wohl! Bis nächstens!
Ich geb dir'n Vorschußkuß, hier hast'n . . . !«
und warf die Karte in den Kast'n. —

Und Freitag nacht, wie vorgesehn,
sprang er — die Uhr war kurz nach zehn —
bekleidet nur mit einer Hose,
im Munde aber eine Rose,
und mit Salatöl eingerieben,
ins Wasser, mit dem Ziel nach drüben . . .

2
Der Untergang

Das Meer geht hoch, die Winde wehn . . .
Die Nacht ist schwarz, er kann nichts sehn —
den Mond und auch die Sterne nicht,
doch auch nicht seiner Liebsten Licht . . .
Wie sehr er die Pupille weitet,
wo ist die Kerze, die ihn leitet?
»Pardon, geht's hier zum andern Ufer?«
brüllt er, doch niemand hört den Rufer . . .

Nur schwer noch kann er sich im kalten
Gewässer über Wasser halten,
und er verliert im Meergetose
die Orientierung und die Rose ...
Er murmelt paarmal: »Junge, Junge ... !«
dann dringt ihm Wasser in die Lunge ...
Er nimmt noch zwei, drei Schluck, drauf sinkt er
bis auf den Grund ... Und hier ertrinkt er ... —

So endete das Sein für ihn
durch eine Kerze, die nicht schien ...

3
Die Erläuterung

Nun fragen Sie wohl unterdessen:
»Weshalb hat sie das Licht vergessen?«
Weil sie, wie so das Schicksal spielt,
die Post erst *Montag* früh erhielt —
und da war es zu spät zum Leuchten,
da lag er schon im Grab, im feuchten ... !

Hätt er ein *Telegramm* geschickt,
wär ihm das Vorhaben geglückt!

Das hat sie nun davon*

I
Die Verhaftung

Schwarzes Haar und schwarze Kleider,
Kraft im Blick und in den Armen,
das war — man muß sagen: leider! —
sie, die Jungfrau namens Carmen.
Ihre Lage war das »mezzo«
und auch sonst recht unerfreulich,
aber mancher Spanier hätt so
gern mit ihr mal — — — ! Grade neulich
kam da einer aus Sevilla
mit dem Hut aus schwarzem Lacke,
doch sie rief: »Sein Sie bloß still, ja?!!«
und sie schlug ihn auf die Backe.

Darauf mußte Don José sie,
Leutnant und Tenor, verhaften —
als er aber aus der Näh sie
sah, konnt er das nicht verkraften:
Heimlich machte er den Strick los,
welchen er um sie gebunden,
tauschte mit ihr einen Blick bloß —
und schon waren sie verschwunden ...

---

* Aus diesem strapazierfähigen Stoff wurde bereits eine haltbare Oper angefertigt!

2
Die Flucht

Im Gebirge, ganz im Freien,
lebten beide ihrer Liebe;
doch bald gab es Streitereien,
und nicht das nur, nein, auch Hiebe!
Einzeln durch die Pyrenäen
sah man sie dann schmutzig kriechen,
konnten sich nun nicht mehr sehen
und vor allem nicht mehr riechen ...

Er wurd aus der span'schen Wehrmacht
in absentia ausgewiesen,
sie sprach: »Dumm, wer es sich schwer macht,
es gibt andere als diesen!«
Und schon eilte sie zu Tale,
um hier unten in dem raschen
Bache oder auch Kanale
endlich sich den Hals zu waschen.
Das hätt sie nicht machen sollen,
denn sie kriegte Schwierigkeiten ...

Wenn Sie Näheres wissen wollen,
lesen Sie die nächsten Seiten!

3
Der Stierkampf

Spanier sind fromme Christen,
gegen Satan sind immun sie,
trotzen mancherlei Gelüsten —
aber Tiere quälen tun sie.
»Tiere haben keine Seele«,
so wird nämlich dort gepredigt,

»drum ist's gut, daß man sie quäle
bis sie tot sind und erledigt!« —

Heute gab es wieder so 'nen
bösen Tag, um froh zu morden.
Männer, Mütter und Matronen —
und auch Kinder — kam'n in Horden.
Carmen saß auf der Empore
nach den Wochen der Entbehrung,
und sie sah die Matadore,
und ihr Blut geriet in Gärung:
»Das sind endlich wieder Männer!!
Der Tenor José, der war nichts!
Er war nur ein müder Penner,
ein Versager und sonst gar nichts!!« —

Endlich kam der *Star*, der letzte
Matador, der Größten einer!
Durch die Blutarena hetzte
er den Stier wie vor ihm keiner!
Nach dem *dritten* Stich schon sah man
tot das Tier zusammenbrechen ...
Carmen schrie erregt: »Hurra, Mann!
Wo kann ich Sie gleich mal sprechen?!«
Und im jubelnden Getobe
rief der Bariton: »Komm, Dame!
Komm in meine Garderobe!!«
(Escamillo war sein Name) ...

Flugs zu ihm enteilte Carmen,
weil er ihr ja zugewinkt hat —,
und sie lag in seinen Armen,
eh er sich noch abgeschminkt hat ...

4
Das Ende

Da — (»Bin ich dein liebes Rehlein?«
hörte man sie grade fragen) —
stürzte plötzlich Don José rein,
ohne »guten Tag« zu sagen.
Escamillo mit Grandezza
bat ihn: »Wolln Sie sich nicht setzen?«,
doch José, der violett sah,
hatte keine Lust zum Schwätzen.
Schon ergriff er seinen Degen,
der geschärft und vorne spitz war —
(Escamill verschwand verlegen
in der Wand, wo grad ein Schlitz war) —,
da fiel Carmen auf die Kniee,
bat: »Hör, wie sich alles fügte...«
doch er stach nach ihr — und siehe:
dieser *eine* Stich genügte!

Im Gesicht wurd weiß wie Schnee sie...
Ihr blieb keine Zeit zum Beten,
darum seufzte schnell »olé« sie,
und dann war sie weggetreten...
Ihn doch hinderten zwei Fäuste,
aus dem Fenster rauszuklettern — — —

So, nun wissen Sie das meiste,
brauchen nicht mehr umzublättern...

Moderne Sinfonie

Droben sitzet die Kapelle,
festlich und gestimmt ist sie.
Schon ertönt die dritte Schelle —
gleich beginnt die Sinfonie.

Nun wird's stille; denn es zeigt sich
der Maestro, wohlbefrackt,
steigt aufs Podium, verneigt sich,
dreht sich um und schlägt den Takt.
Geiger geigen, Bläser blasen,
Pauker pauken, Harfe harft — — —
alle Noten dieses Werkes
werden schonungslos entlarvt ...

Droben schwitzet die Kapelle,
auch der Dirigent hat's satt! —
Morgen können wir dann lesen,
ob es uns gefallen hat ...!

Der Geiger

Unterm Arm die Violine,
auf dem Haupte Brillantine,
so besteigt mit ernster Miene
er die kunstverseuchte Bühne.
Mit den Haaren von dem Pferde
streicht er, weit entrückt der Erde,
voll Gefühl und Herzenswärme
über straff gespannte Därme.
Und der Lauscher dieser Handlung
denkt, infolge innrer Wandlung,
an die Pfoten grauer Katzen:
auch ein Geiger kann gut kratzen!

Die Tänzerin

Erst tanzt sie nach rechts, dann tanzt sie nach links,
dann bleibt sie in der Mitte.
Dann tanzt sie nach links und wieder nach rechts,
sie hat so ihre Schritte.
Dann hebt sie den Arm, dann senkt sie das Haupt,
voll Schmerz sind ihre Züge.
Dann hebt sie das Haupt, dann senkt sie den Arm,
sie tanzt »Die fromme Lüge«.
Dann geht sie zurück und dann geht sie vor,
sehr schön ist dieser Vorgang.
Dann reißt sie sich hoch und dann fällt sie hin,
und dann fällt auch der Vorhang.

Die Sängerin

Reihen, Stühle, braune, harte.
Eintritt gegen Eintrittskarte.
Damen viel. Vom Puder blasse.
Und Programme an der Kasse.
Einer drückt. Die erste Glocke.
Sängerin rückt an der Locke.

Leute strömen. Manche kenn ich.
Garderobe fünfzig Pfennig.
Wieder drückt man. Zweite Glocke.
Der Begleiter glättet Socke.
Kritiker erscheint und setzt sich.
Einer stolpert und verletzt sich.

Sängerin macht mi-mi-mi.
Impresario tröstet sie.
Dritte Glocke. Schrill und herrisch.
Sie erscheint. Man klatscht wie närrisch.
Jemand reicht ihr zwei Buketts.
Dankbarkeit für Freibilletts.

Und sie zuckt leis mit den Lippen.
Beugt sich vor, als wollt sie kippen.
Nickt. Der Pianist macht Töne.
Sängerin zeigt weiße Zähne.
Öffnet zögernd dann den Mund.
Erst oval. Allmählich rund.

Und — mit Hilfe ihrer Lungen
hat sie hoch und laut gesungen.
Sie sang Schumann, Lincke, Brahms.
Der Beginn war acht Uhr ahms.
Und um elf geht man dann bebend,
aber froh, daß man noch lebend,
heimwärts. Legt sich müde nieder. — — —
Morgen singt die Dame wieder.

Ein Männergesangverein

Fünfzig Herren über fünfzig
sitzen um des Tisches Rund.
Und sie essen und sie trinken
und sie wischen sich den Mund.

Da! Der Vorstand schwingt die Glocke,
und es wird ganz mäuschenstill,
denn die Glocke ist das Zeichen,
daß er etwas sagen will.
Und als er genug geklingelt —
ja, das Klingeln macht ihm Spaß —
steht er auf und spricht gewichtig:
na, ich denk, wir singen was!
Der Kapellmeister sucht emsig,
wo die Stimmgabel wohl steckt — — —
in der hintern Hosentasche
hat er endlich sie entdeckt.
Und er führt zum Ohr die Gabel
und macht »aaaaah« — das ist der Ton,
den man nötig für den Einsatz
hat; doch, horch, sie singen schon!
Und sie singen viel von Liebe
und von Sehnsucht und vom Mai,
und elf Verse hat dies Liedel,
und dann geht auch das vorbei.
Müde von der Armbewegung
senkt der Dirigent den Stab,
müde von den tiefen Tönen
wischt der Baß den Schweiß sich ab.
Der Tenor erzählt begeistert,
wie ihm heut das »fis« gelang,
und der Bariton, sich räuspernd,
sagt: »Wie gut ich heute sang!«

Doch dann sitzen alle fünfzig
wieder um des Tisches Rund.
Und sie essen und sie trinken
und sie wischen sich den Mund ...

Ein Pianist spielt Liszt

O eminenter Tastenhengst,
der du der Töne Schlachten lenkst
und sie mit jeder Hand für sich
zum Siege führst, dich preise ich!

Du bist ein gottgesandter Streiter,
ein Heros, ein Akkordarbeiter.
Im Schweiße deiner flinken Finger
drückst du auf jene langen Dinger,
die man gewöhnlich Tasten nennt,
und die, grad wie beim Schach, getrennt
in Schwarz und Weiß ihr Dasein fristen,
als Requisit des Pianisten.
Doch nicht nur deiner Finger Schwielen
brauchst du zum Greifen und zum Spielen,
nein, was man meistens gar nicht glaubt:
du brauchst dazu sogar dein Haupt!
Mal fällt's, als ob du schlafen mußt,
auf deine stark erregte Brust,
mal fällt's mit furchtbar irrem Blick,
so weit es irgend geht, zurück,
und kommst du gänzlich in Ekstase,
hängt dir ein Tropfen an der Nase.
Und hast du endlich ausgerast,
sagt sich der Hörer: Liszt — not last!

O eminenter Tastenhengst,
der du der Töne Schlachten lenkst
und sie mit jeder Hand für sich
zum Siege führst, dich preise ich!
Und jeder Hörer merkt alsbald:
du siegst mit Liszt, nicht mit Gewalt!

Beethovens Totenmaske

Durch die Glastür zum Alkoven
scheint der Mond mit weißem Licht.
Ausgerechnet dem Beethoven
scheint er mitten ins Gesicht.
Nicht einmal sein Aug beschatten
kann der große Komponist.

Hilflos ist man und verraten,
wenn man mal gestorben ist.

Der Bach
(Dem gleichnamigen Komponisten gewidmet)

Tagtäglich fließt der Bach durchs Tal.
Mal fließt er breit, mal fließt er schmal.
Er steht nie still, auch sonntags nicht,
und wenn mal heiß die Sonne sticht,
kann man in seine kühlen Fluten fassen.
Man kann's aber auch bleibenlassen.

Der Schauspieler

Er sprach zu der Theaterleitung,
nachdem er dreimal ausgespuckt:
»Mein Name steht in dieser Zeitung
nie eingerahmt, nie fettgedruckt!
Dabei spiel ich die längsten Rollen,
mal bin ich heldisch, mal geduckt,
ich probe auch, solang Sie wollen,
doch niemals bin ich fettgedruckt!«

Ganz ohne Probe selbstverständlich
starb gestern er, hat kaum gezuckt ...
Heut steht er in der Zeitung endlich
schön eingerahmt und fettgedruckt!

Der Apfelschuß

Der Landvogt Geßler sprach zum Tell:
»Du weißt, ich mache nicht viel Worte!
Hier, nimm einmal die Tüte schnell,
sind Äpfel drin von bester Sorte!
Leg einen auf des Sohnes Haupt,
versuch, ihn mit dem Pfeil zu spalten!
Gelingt es dir, sei's dir erlaubt,
des Apfels Hälften zu behalten!«

Der Vater tat, wie man ihn hieß,
und Leid umwölkte seine Stirne,
der Knabe aber rief: »Komm, schieß
mir schnell den Apfel von der Birne!«

Der Pfeil traf tödlich — — einen Wurm,
der in dem Apfel wohnte . . . . .
Erst war es still, dann brach ein Sturm
des Jubels los, der 'n Schützen lohnte!
Man rief: »Ein Hoch dir, Willi Tell!
Jetzt gehn wir einen trinken, gell?«*

Neues von Wilhelm Tell

Es ist das Ziel eines jeden Schützen:
der Schuß muß genau im Schwarzen sitzen!
Und einer, dem dies immer gelang
und den schon Kollege Schiller besang,
das war ein gewisser Tell aus der Schweiz.
Er schoß so gut, daß der Geßler bereits
erst in Erstaunen geriet, dann in Rage
und ausrief: »Nanu, das ist Tells Etage!«**

---

* Westfälische Fassung:
  Man rief: »Der Tell, der schießt ja toll!
  Jetzt gehn wir einen trinken, woll?«
** Angeblich soll der Landvogt Geßler statt »Etage« »Geschoß« gesagt
  haben – aber dann würde es sich nicht auf »Rage« reimen.

Theater, Film, Fernsehen

Man hat Theater, die erfreuen sich fiskalischer Unterstützung — man hat aber auch Theater, die erfreuen das Publikum. Diese sind äußerst selten, meist in privater Hand und haben schwer zu kämpfen, sofern sie nicht wenigstens einer Organisation angeschlossen sind, was aber ausgeschlossen ist, wenn die Stücke, die sie spielen, zu lustig sind! Wie traurig!
Man unterscheidet zwei Arten von Theaterleitern: solche, die es wirklich sind, und solche, die es gern sein möchten. Letztere überwiegen bei weitem, obwohl gerade *sie* der Überzeugung sind, sie wären es ...
Auch die Darsteller zerfallen in zwei Teile: in einen, der von der Schauspielschule und in den anderen, der vom Kabarett kommt.
Die Darsteller des ersten Teils besitzen oft keine Persönlichkeit und vermögen deshalb leicht in die Haut der darzustellenden Person hineinzuschlüpfen; die Kabarettisten dagegen können aus ihrer Haut nicht heraus und spielen aus diesem Grunde meist nur sich selbst. Sie sind von den »gelernten« Kollegen nicht so gern gesehen wie vom *Publikum*, was wohl daran liegt, daß der Theaterbesucher für gewisse Nuancen eine Nase hat, die nicht auf den Kopf gefallen ist! —
Mindestens ebenso wichtig am Theater wie die Platzanweiser — ich meine hier nicht die Regisseure — sind zweifelsohne die Kritiker! Im stillen Kämmerlein tippen sie ihre Rezensionen in die Schreibmaschine, und es kommt nicht selten vor, daß sie — ähnlich wie wir beim Lotto — danebentippen ... So schrieb beispielsweise Ende des vorigen Jahrhunderts ein berühmter Wiener Musikkritiker (Name und Anschrift sind bekannt) gelegentlich der Uraufführung von Puccinis »La Bohème«, er gäbe dieser Oper noch drei Aufführungen — dann wäre sie vergessen! Man bedenke! Andererseits meinte er über Meyerbeers »Afrikanerin«, dieses

Werk werde auch noch das nächste Jahrhundert überleben! Dabei wird diese Oper nicht einmal mehr in Afrika gespielt. Ja, ja — es gibt kaum etwas, womit man soviel Theater hat — wie mit dem Theater ...

Aber auch mit dem Film!
Kaum hatte ich das zarte Alter von 46 Jahren erreicht, als man mich auch schon entdeckte — und zwar auf einer winzigen Bühne in einem witzigen Stück.
Das Publikum scharte sich in Scharen um das Geschehen, aber, wie ich später erfuhr, weniger meinetwegen, als wegen einer bedeutend jüngeren Kollegin, die es meisterhaft verstand, ihre Rolle vor allem zu *verkörpern!*
Hauptsächlich die Filmproduzenten, die ja immer auf der Jagd nach jungen Talenten — besonders, wenn sie weiblichen Geschlechtes sind — sind, eilten in rauhen Massen herbei, um den Maßen der Künstlerin nachzuspüren ...
Schließlich aber kam einer dieser Herren nicht nur ins Theater, sondern auch auf die Idee, daß eigentlich *ich* den Maßen der Breitwand eher entspräche!
Also — und das spricht für den Fachmann! — bot er mir für ein Filmvorhaben, das nach einem Drama eines gewissen Franz Grillparzer gedreht werden sollte, eine der Hauptrollen an mit der Bemerkung, er habe an den Autor wegen der Vergebung der Filmrechte bereits geschrieben ...
»Vergebung«, sagte ich, »aber Grillparzer ist meines Wissens seit langem tot!« — »Oh«, meinte der Produzent, »deshalb hat er wohl auch nicht geantwortet!« ...
So fiel dieses Projekt leider ebenso ins Wasser wie in Grillparzers Stück die Leander, welche ja mehrmals nächtens die Dardanellen durchschwamm, nur, um die Kerze ihres Hero auszupusten!* Die Hoffnung, jemals zum Film zu kommen, wähnte ich ebenfalls als erloschen ...

* Siehe auch Seite 120

Aber nein! Schon nach ganz kurzer Zeit stand ich in einem richtigen Filmatelier, von einem richtigen Filmregisseur geleitet, zum ersten Mal vor einer richtigen Filmkamera!
Mit namhaften Kollegen, die ich normalerweise nie anzusprechen gewagt hätte, war ich plötzlich »per du«, ohne daß meine Hochachtung vor ihnen »perdü« gegangen wäre . . .
Wir waren ein unzertrennliches Team — was den Produzenten regelmäßig bewog, sprachgewandt auszurufen: »Team is money!«
Nun, wir alle waren vom Erfolg des Films überzeugt, und erst bei der festlichen Uraufführung wurde deutlich, wieviel Time wir für dieses Machwerk unnötig verplempert hatten, und was da alles an guten Pointen auf Geheiß des Produzenten herausgeschnitten worden war, bloß, weil er sie nicht verstanden hatte!
Nee, nee — auch mit dem Film hat man sein Theater . . .

Während man auf der Filmleinwand manchmal einen drei Meter großen Kopf hat, wird man auf dem Bildschirm zum Pygmäen!
Aber vielleicht ist es gerade die Kleinheit, die im Fernsehzuschauer teils väter-, teils mütterliche Gefühle auslöst, sofern ihm der Darsteller sympathisch ist. Er sagt sich: »Gott, ist der Kleine nüdlich — — und so hülflos! — Oh, wie nett er eben gezwinkert hat — — — und nun ist er böse, wie ein Großer, ha-ha-ha!«
Anders ist es, wenn der Betrachter lieber ein Fußball-Länderspiel erleben oder einen wissenschaftlichen Vortrag, etwa über das Thema »Elementare Elemente der hyperphosphären Rekonvaleszenz« hören möchte. Und nun kommst du Däumling mit deinem Gequatsche!
Oder einer hat Krach mit seiner vierten Frau und möchte sich nun bei Tschaikowskis Fünfter ausweinen . . . Stattdessen erscheinst *du* und reißt Possen!

Das eben ist die große Gefahr, der du als »Fernsehstar« ausgesetzt bist: du gerätst leicht an die falsche Adresse!
Im Kino dagegen sieht dich nur der, der dich sehen *will* — aber wer geht heute schon noch ins Kino?!!! ...

Der keusche Josef oder der Heftling
Ein Theaterstück

Personen:
Der Herr Professor, über 60
Die Frau Professor, unter 30
Josef, über 17, aber unter 19

Professor (mit Vollbart und Kneifer):
Köstlich war die dampfende Mahlzeit,
die du, vortreffliche Hausfrau, mir brietest.
Gerne nun würde der Ruhe ich pflegen,
leider doch muß ich des Bleibens entraten.
Frau Prof.: Mit anderen Worten, du willst wieder gehen?
Professor: Das Wollen hat hier sekundäre Bedeutung, das Müssen ist das, was mich schmerzlich berühret ... Eine wichtige Lehrerkonferenz erheischt meine Anwesenheit. — Jedoch, in einer schwachen Stunde bin ich wieder bei dir!
Frau Prof.: Das freut mich, Edi.
Professor: Dann ist es gut! Oder wie sagt schon der Lateiner? Er sagt: sub aqua, sub aqua, maledicere temptant!
Frau Prof.: Gewiß, Edi!
Professor: Halt, noch eins! In Bälde wird der Primus meiner Prima erscheinen, um mir die Klassenhefte zu übergeben, auf daß ich sie korrigiere. Empfange du sie und ihn, und sei freundlich zu dem jungen Mann! Sein Vater ist Oberpostsekretär!
Frau Prof.: Ich werde freundlich zu ihm sein. Vielleicht kriegen wir dann die Briefmarken billiger?!

Professor: Eben! (blickt aus dem Fenster) Doch schau! Es naht bereits der Jüngling mit den Heften! Adieu! (ab)
Frau Prof.: Adieu, Edi!

— Kurze Pause —

Josef (auf mit Heften unter dem Arm. Bleibt an der Tür stehen)
Frau Prof.: Aber so kommen Sie doch näher!
Josef: Ich bin der Heftling.
Frau Prof.: Was, bitte, sind Sie?
Josef: Ich bin der Jüngling mit den Heften.
Frau Prof.: Ach so, legen Sie sie nur dorthin.
Josef: (tut es, will ab) Auf Wiedersehn!
Frau Prof.: Aber, aber! Warum denn so eilig? — Wie heißen Sie denn, Sie Schnellhefter?
Josef: Josef.
Frau Prof.: Mit f oder ph?
Josef: Mit J.
Frau Prof.: Josef ist ein schöner Name. — Nehmen Sie doch etwas Platz, Josef! — Trinken Sie eine Tasse Tee mit mir?
Josef: Nein, danke! Ich habe erst vorgestern Tee getrunken...
Frau Prof.: (lächelnd) Ja dann...! — So setzen Sie sich doch wenigstens!
Josef: (bleibt stehen)
Frau Prof.: Darf ich Ihnen einen Keks anbieten? Oder haben Sie keinen Appetit?
Josef: Danke! Ich bin im Moment völlig unappetitlich.
Frau Prof.: Ich hörte von meinem Mann, Sie seien der Primus Ihrer Prima?!
Josef: Jawohl!
Frau Prof.: Das ist ja prima... Wie alt sind Sie eigentlich?
Josef: Achtzehn.
Frau Prof.: Sie sind so hübsch und noch so herrlich jung, Josef!...

Josef: Früher war ich *noch* jünger ...
Frau Prof.: Gefalle ich Ihnen gar nicht, Josef?
Josef: Doch, ganz nett ...
Frau Prof.: Haben Sie eigentlich schon mal geküßt, Josef?
Josef: Nein, das haben wir noch nicht gehabt ...
Licht aus*

Bell- und Puccini

Es ist an und für mich nichts Besonderes, wenn eine Oper *Bellinis* aufgeführt wird. Schließlich ist der Komponist tot und kann sich gegen die Wiedergabe nicht wehren.

Da ich nun annehmen muß, daß der andere oder auch der eine Leser dieser Zeilen Bellinis Oper »Norma« noch nicht kennt, gelüstet es mich, hier einiges Bemerkenswerte über den Autor und sein Werk zu veröffentlichen.

Sein Vater, der ebenfalls Bellini hieß, war als Staatsbeamter nicht nur seinem Fürsten, sondern auch dem Trunke ergeben und kämpfte mit seiner Frau ständig um den *Hausschlüssel*, während sich der Sohn mehr mit dem *Violin-* und *Baßschlüssel* herumschlug.

Bellini jun. schrieb die »Norma« zu seinen Lebzeiten — aber erst *nach* seinem Tode wurde sie preisgekrönt. Obwohl schon Hans v. Bülow behauptete: je preiser eine Oper gekrönt wird, desto durcher fällt sie — traf diese Diagnose für die »Norma« nicht zu! Im Gegenteil! Sie fiel nicht nur nicht *durch*, sondern *auf* — und zwar *durch* eine Eigenschaft, die den wenigsten Opern eigen ist, nämlich durch ihre Kürze! — —

---

* Um Mißverständnissen vorzubeugen: dieses »Licht aus« heißt soviel wie »Vorhang zu« und nicht, daß die Frau Professor es jetzt lieber dunkel gehabt hätte ...!

Bei dieser Gelegenheit möchte ich noch eines anderen Werkes gedenken, der *ersten* Quizoper: *Puccinis* »Turandot«. Diese kalte Prinzessin stellt 3 Quizfragen ihren heißen Freiern und damit *sich* vor die undankbare Aufgabe, bei gelungener Lösung sich selbst aufgeben zu müssen. Dem Prinzen Kalaf gelingt es — obgleich er Tenor ist — sämtliche Fragen zu beantworten, ohne daß er jemals an einem Quizturnier teilgenommen oder auch nur ein solches im Fernsehen gesehen hätte.

Da »Turandot« durchweg mit lauter Musikbegleitung vor sich geht, ist es denkbar, daß selbst der aufmerksamste Lauscher des *genauen* Wortlauts der Preisfragen und ihrer Antworten nicht ganz teilhaftig werden konnte. Um diesem Übelstand abzuhelfen, möchte ich hier die 3 Fragen und Antworten *ohne* störende Musikuntermalung wiederholen:
1. Frage: Wer war der erste Koch? Antwort: David; denn er dämpfte den Auflauf der Amalekiter. 2. Frage: Was ist der Unterschied zwischen einem Krokodil? Antwort: Das Krokodil kann im Wasser schwimmen, auf dem Lande aber nicht. 3. Frage: Warum hat Herr Krause keine Haare? Antwort: Die *Neger* haben Krauses Haar.

Nun drängt sich unwillkürlich die Quizfrage auf, ob der glückliche Rätselknacker Kalaf mit der Rätseltante Turandot, die er zur Belohnung heiraten mußte, genauso gut fertig geworden ist wie mit ihren Rätseln.

Zwei Interviews fürs Fernsehen
Mit einer Eiche

Reporter: Liebe Fernsehzuschauer! Wir wollen mal einen neuen Weg beschreiten — und zwar einen Waldweg! Er ist, wie das für einen Wald typisch ist, von Bäumen umzingelt. Wir haben uns nun einen Baum — oder besser gesagt — eine Bäumin herausgegriffen und wollen versuchen, mit ihr ins

Gespräch zu kommen. Bis jetzt hieß es zwar immer: laßt Blumen sprechen — nun, vielleicht geht es auch mit Bäumen. Hier also ist meine Gesprächspartnerin. Sie ist eine Eiche. Entschuldigen Sie, gnädige Frau, zunächst die Frage: sprechen Sie deutsch?
Eiche: Natürlich! Ich bin ja eine teutsche Eiche!
Reporter: Aha! Sagen Sie, Sie stehen da so Jahr für Jahr herum. Ist das nicht sehr anstrengend?
Eiche: Nein, das Dasorumstehen ist nicht schwer. Schließlich lernen wir das ja!
Reporter: So, das lernen Sie?! Wo denn zum Beispiel?
Eiche: In der Baumschule zum Beispiel.
Reporter: Ach ja, natürlich! Darf ich mir die Frage erlauben, was Sie sonst noch in so einer Baumschule lernen?
Eiche: Zunächst lernen wir, immer den gleichen Standpunkt einzunehmen.
Reporter: Ja, das sieht man! Sie sind, seit ich mich hier mit Ihnen unterhalte, noch keinen Zentimeter von Ihrem Standpunkt abgewichen. — Und was lernen Sie noch?
Eiche: Und dann lernen wir etwas, wozu uns unsere Größe und vor allem unser Alter ———
Reporter: Aber nicht doch!
Eiche: Jawohl, wozu uns unser Alter sehr zustatten kommt, nämlich über vieles hinwegzusehen! Mit anderen Worten: vieles zu verzeihen!
Reporter: Hm, ja ...
Eiche: Wenn zum Beispiel sogenannte Volkslieder gesungen werden, wie »Ich schnitt es gern in alle Rinden ein«, so geht uns naturgemäß dieser Text durch Mark und Bein — oder bäumisch ausgedrückt, durch Harz und Wurzel.
Reporter: Oder wenn ein Hund kommt, schnuppert und das Bein — ha, ha, ha — auch das müssen Sie verzeihen, nicht?
Eiche: Jawohl! Das Wichtigste aber ist, immer Haltung zu bewahren! Auch in stürmischen Zeiten immer Haltung zu bewahren!

Reporter: Entschuldigen Sie, wenn mir jetzt einige Zweifel aufstoßen. Es gibt doch Fälle, wo selbst stämmige Artgenossen von Ihnen entwurzelt werden — in stürmischen Zeiten. Wie kann so etwas trotz gründlicher Schulung geschehen?
Eiche: Ach, daran sind meist die Baumschulbehörden schuld! Sie pflegen sogenannte Ausleseprüfungen zu veranstalten. Dadurch wird den ihnen unbequemen Schülern ein Weiterkommen in der Schule erschwert, ja unmöglich gemacht; kurz, diese armen Opfer werden ohne das zum Leben nötige Rüstzeug den Stürmen des Lebens ausgesetzt!
Reporter: Oh, so etwas gibt es also bei Ihnen auch ... ?! Können Sie in Ihren Baumschulen auch sitzenbleiben?
Eiche: Nein, sitzen nicht – wir können höchstens stehenbleiben, aber das ist ja letzten Endes das gleiche!
Reporter: Natürlich! — Und wer sind Ihre Lehrer?
Eiche: Die Gummibäume. Die haben alle das Gumminasium besucht.
Reporter: Verzeihen Sie, wenn ich abschließend noch eine etwas, sagen wir mal, prekäre Frage an Sie richte: Zu was — oder zu einer teutschen Eiche in besserem Teutsch gesprochen — wozu, glauben Sie, wird man Sie, hat man Sie, entschuldigen Sie, gefällt, verarbeiten?
Eiche: Ich weiß, daß man dermaleinst aus meinem Leichnam Bretter für Schiffe, Fässer, Parkette, Möbel und bequeme Särge fertigen wird. Seit ich aber das Vergnügen hatte, Ihre werte Bekanntschaft zu machen, glaube ich, daß man mich hauptsächlich zu *den* Brettern verarbeiten wird, die solche Menschen wie Sie vor dem Kopf haben ... !
Reporter: Ich danke Ihnen für Ihre eichenartigen Ausführungen!

Mit einem Scheich

Reporter: Liebe Fernsehzuschauer! Mit großer Freude stelle ich Ihnen heute den Regierenden Fürsten von Hamudistan,

seine Hoheit Scheich Ben Fah San, vor. Sie wissen ja: Hamudistan liegt zwischen Iran und Persien. — Bitte, Herr Scheich, was verdienen Sie eigentlich so im Monat?
Scheich: Nun, ich benötige recht viel. Schließlich muß ich ab und zu hofhalten.
Reporter: Und muß man hofhalten — kann man nicht haushalten, ha-ha-ha, was?
Scheich: Außerdem kosten die vielen Frauen, die zu besitzen ich genötigt bin — nach dem Willen Allahs — viel Geld.
Reporter: Wieviel Frauen haben Sie denn so ungefähr — über den Daumen gepeilt?
Scheich: Das wechselt. Im Moment habe ich 132 Stück.
Reporter: Dann kommen Sie wohl kaum zum Regieren, ha-ha-ha, was? — Und so ein paar hundert Mark im Monat gehen da schon drauf, nicht? Schließlich können ja Ihre Frauen nicht leben wie Kirchenmäuse?!
Scheich: Nee, das schon gar nicht! Denn bei uns gibt's nur Moscheenmäuse.
Reporter: Richtig, richtig! — Sie verneigen sich doch immer gen Osten, nicht?
Scheich: Nein, nicht immer! Manchmal machen wir unsere Bücklinge auch vor dem Westen! Aber schließlich ist es ja ganz egal, von welcher Seite wir die Kanönchen erhalten, zumal man uns sowieso immer die ältesten Modelle schickt.
Reporter: Was tun Sie denn mit den Kanönchen?
Scheich: Wir vergraben sie.
Reporter: Aha, wie die Indianer ihre Kriegsbeile, was?
Scheich: Genauso, nur aus anderen Gründen: zu uns kommen nämlich oft Archäologen. Sie machen Ausgrabungen und freuen sich dann immer, wenn sie was finden. Stoßen sie dann auf die Kanönchen, schlagen sie meist ihre Hände über unseren Köpfen zusammen und rufen aus: »Götter, Gräber und Gelehrte! Was sind denn das für Dinger? Die sind ja direkt zum Schießen!«
Reporter: Jetzt hätte ich noch eine Bitte, Herr Scheich! Sa-

gen Sie doch bitte mal irgendeinen Satz in Ihrer Landessprache, ja?!
Scheich: Da bedauere ich! Ich beherrsche diese Sprache nicht.
Reporter: Was, Sie als Regierender Fürst beherrschen ein ganzes Volk, aber nicht dessen Sprache? Das verstehe ich nicht!!!
Scheich: Aber warum regen Sie sich darüber auf? Das hat man doch auch in anderen Ländern, daß die Regierung eine andere Sprache spricht als das Volk . . . !

Versuch einer Conférence

Eine gute Conférence soll aus drei Teilen bestehen, wenn sie bestehen soll: nämlich aus dem ersten, dem zweiten und dem dritten Teil.
Bei einer Konferenz ist es so ähnlich, nur ganz anders; denn es ist kein Geheimnis, daß zwischen einer Konferenz und einer Conférence eine große Kluft klafft: während bei einer Konferenz meistens nichts herauskommt, kommt nach einer Conférence immer etwas heraus — und zwar der oder die, den oder die man gerade conferiert hat!
Lassen Sie mich bitte im folgenden eine Conférence — als Muster ohne Wert — vorführen!
Meine Damen und Herren! Ich heiße nicht nur Fritz Dämlich, sondern Sie auch herzlich willkommen!
Nachdem ich mich hier auf der Bühne versammelt habe, habe ich zunächst ein kleines Bedürfnis: ich möchte nämlich etwas fallen lassen — und zwar die Bemerkung, daß es leichter ist, den Mund zu halten, als eine Rede! Aber es wandelt mich die Lust an, Ihnen recht herzlich dafür zu danken, daß Sie sich hier teils nieder-, teils herabgelassen haben, um das gelassen an sich vorüberziehen zu lassen, was wir hier oben vom Stapel zu lassen die niedrige Stirn haben! Gewiß, wir könnten es auch lassen — aber lassen wir das! Lassen Sie uns

lieber den Abend genießen, Genossen — nein — genossen wir doch selten einen so schönen!

Sie haben's gut! Sie können sich hersetzen und sich von Ihren Sorgen absetzen — aber wir hier oben müssen uns einsetzen, damit wir uns durchsetzen und Sie nicht entsetzen!!!

Wir wollen heute ausnahmsweise mit dem Anfang beginnen, obwohl ein *Anfang* immer *schrecklich* ist! Schon Madame Plissee, die Vielfältige, sprach vom »Anfang terrible«! —

Eigentlich wollte ich heute persönlich hier erscheinen, nun kam ich aber selbst. Ich sagte mir, daß tagtäglich überall in der Welt soviel Unnützes hergestellt wird, da könne ich mich auch mal herstellen! Nun müssen Sie sich aber vorstellen: ich komme direkt von der Riviera! Man spricht immer vom »teuren Vaterland« — aber, das können Sie mir glauben, *da* ist es noch viel teurer!

Das Meer dort ist allerdings herrlich! Es reicht genau bis zum Ufer! Das Dumme ist nur: dicke Rohre ragen ins Meer hinein. Sie sind dazu da, die Abwässer der umliegenden Hotels abzuleiten. Wenn man nun am nächsten Morgen baden geht, trifft man immer alte Bekannte — — —

Nun ja, deshalb heißt die Gegend dort auch »Kot d'Azur«.

Berge sind *auch* erhebend!

Wenn im Winter der Schnee so rumliegt — was soll er auch anderes machen? — und man ganz, ganz oben steht mit Schneeschuhen unter den Sandalen und dann die — verzeihen Sie mir das folgende Wort — Piste hinabsaust — herrlich!

Nun war ich ja damals nicht allein in den Bergen: eine bekannte Freundin von mir war mit von der Partie.

Sie war ein nettes Ding — bloß ein bißchen dünn! Ein typisches Dünn-Format war sie! Unter uns gesagt, sie sah aus wie eine Hundehütte: in jeder Ecke ein Knochen.

Wie ich also lossauste, rief sie mir nach: »Hals- und Bein-

bruch!« Aber ich bin ja nicht verrückt! Ich tue doch nicht das, was *sie* will — und da habe ich mir den *Arm* gebrochen ...
Und ich breche jetzt auch — nämlich was ab, und zwar meine Rede! Denn nun wird eine Künstlerin diese Bühne bevölkern, eine Tänzerin, die Sie alle vom Schallfunk und von der Rundplatte her kennen: es ist Adelaide Pimpelfors!
Was für eine Sängerin das hohe C ist, ist für eine Tänzerin der große Zeh!
Adjee! (ab)

                Tänzerin tritt auf

An einen Kollegen

Kennst du das große graue Haus
da draußen vor der Stadt?
Bist du erst drin, kommst du nicht raus,
weil alles Gitter hat.
Hat nie dein Herz vor Ängsten laut,
gingst du vorbei, gepocht?
Sei ruhig, wer nur Pointen klaut,
der wird nicht eingelocht!

Schwänke
aus heiterem Himmel

Zu Beginn

Es war an einem 20. Februar.
Das Thermometer zeigte 11 Grad minus und die Uhr 11 Uhr vormittags, als vor unserem Haus das Hauptwasserrohr platzte. Im Nu war die Straße überschwemmt und im gleichen Nu gefroren. Die umliegenden Kinder kamen zuhauf, um auf ihren Schuhen schlitt zu laufen.
Ich selbst konnte mich an diesem fröhlichen Treiben nicht beteiligen, weil ich noch nicht geboren war. Dieses Ereignis fand erst gegen Abend statt.
Und da war die Eisbahn längst gestreut und unbrauchbar geworden.
Das Eislaufen habe ich bis heute nicht gelernt. Auch schwimmen kann ich nicht. Aber zeichnen!
    Also zeichne ich
    hochachtungsvoll
    Ihr

Wieso ich Dichter wurde

Als ich das Gaslicht der Welt erblickte, war ich noch verhältnismäßig jung.
Meine Eltern waren zwei Stück, und mein Vater war sehr reich: er hatte zwei Villen, einen guten und einen bösen.
Und eines Tages — es war sehr kalt, und ich fror vor mich hin, denn nicht nur meine Mutter, auch der Ofen war ausgegangen — teilte sich plötzlich die Wand, und eine wunderschöne Fee erschien! Sie hatte ein faltenreiches Gewand und ein ebensolches Gesicht. Sie schritt auf meine Lagerstatt zu und sprach also: »Na, mein Junge, was willst du denn mal

werden?« Ich antwortete — im Hinblick auf meine ziemlich feuchten Windeln: »Ach, gute Tante, vor allem möcht ich gern ›dichter‹ werden!«
Das hatte die Fee mißverstanden, was du, geduldiger Leser, dem vorliegenden Buch unschwer entnehmen kannst!

Die Pointe

Am meisten Freude macht es mir,
die Pointe zu verstecken
und dann zu sehen, wie es dir
gelingt, sie zu entdecken.

Wie dir beim Lesen erst der Mund
zuckt, dann der Augen Falten
sich tiefer graben, und —
du kannst nun nicht mehr an dich halten —
du lachst und lachst
und machst
mich damit froh!

So,
das wärs, was ich mit der »versteckten Pointe« meine ...
Doch lach noch nicht;
denn dies Gedicht
hat keine!

Ampeln

I
Wir hatten einst — die Zeit ist tot —
als Landesfarben Schwarz-Weiß-Rot.

Dann hat man sie nicht mehr gewollt,
und wir bekamen Schwarz-Rot-Gold.

Doch diese übersieht man fast
in unsrer Zeit voll Kampf und Hast.

Die Farben, die sich heute ziehn
durch unser Sein, sind Rot-Gelb-Grün.

2
Wenn wir uns ans Steuer setzen,
um zum Arbeitsplatz zu hetzen,
können wir nur höchstens schleichen,
denn uns hindern viele Zeichen.

Ganz besonders sind's die Ampeln,
die auch Radfahrer beim Strampeln
und selbst Fußgänger, die gemsen-
gleich hinüberwollen, bremsen.

Vom Direktor bis zum Penner
sind wir nichts als Ampelmänner!

3
Dort, wo eine Kreuzung droht,
hat man selten Grün, meist Rot.
Und so schön das Rot auch schien,
man ist diesem Rot nicht grün.

Doch wenn Grün kommt, und man kann,
hat der liebe Vordermann —
solche Fälle sind verbürgt! —
seinen Motor abgewürgt.

Bracht in Gang er endlich ihn,
und man kann, ist nicht mehr Grün.
Schuld ist vorne der »Idiot«! —
Bis man Grün hat, sieht man rot!

Der Stein

Fast wär vom Dach ein Ziegelstein
mir auf den Kopf geflogen,
jedoch »es hat nicht sollen sein«:
er machte einen Bogen.

Daß er das tat, ja, das war gut!
Doch hat der Fall bewiesen:
man sei beständig auf der Hut
und geh nie ohne diesen!

Die Mauritius

Herr Heinrich Franz von Ohnegleichen,
der sammelte gern Postwertzeichen
mit Zähnen und mit glatten Rändern
aus Übersee und andern Ländern
und klebte sie — alle vereinigt,
jedoch geordnet und gereinigt —
ins Album, wie man das so muß!
Nur fehlte die *Mauritius!*

Was hatte er nicht unternommen,
um diese Marke zu bekommen!!!
Ja, selbst als er der Minne frönte
mit Minna, die ihn arg verwöhnte,
so fragte er bei jedem Kuß:
»Hast du nicht die *Mauritius?*«

Bald brachte beiden Adebar
ein Kind, das zwar ein Mädchen war,
doch Heinrich faßte den Entschluß:
»Die nennen wir *Mauritius!*
Gewiß, der Name paßt nicht recht
für'n Kind von weiblichem Geschlecht —
doch sei's! Zu End sei der Verdruß:
Ich hab eine *Mauritius!*« —

Sehr früh schon ging das Mädchen gern
in Bars, damit es tanzen lern
und dadurch körperlich erstarke!
Na, sie wurde vielleicht 'ne Marke — — —

Kennst du den Ort?

Kennst du den Ort, wo es stets muffig riecht?
Dir feuchte Kälte in den Anzug kriecht?
Wo stolze Flaschen stehen voll des Weins?
Wo Dosen dösen mit dem Schmalz des Schweins?
Wo Spinnen kunstgerecht die Wand »benetzen«,
und wo kein Stuhl ist, sich mal hinzusetzen?
Wo Kohlen frierend in der Ecke liegen?
Wo die Kartoffeln edle Keime kriegen,
die Waschmaschine wäscheharrend steht,
und wo des Wassers Haupthahn leise kräht?
Kennst du den Ort? O, Fremdling sprich!!
Du kennst ihn nicht? — Nun, aber ich!

Der General und sein Hemd

Es wollte der Herr General
ein Unterhemd belohnen,
und er befahl dem Wäscheschrank,
dem Festakt beizuwohnen!
Es traten zum Appelle an
der Hemden bunte Scharen —
mit Ausnahme derjenigen,
die grade schmutzig waren!

Er sprach: »Ich will heut eines Hem-
des Dienste anerkennen
und dieses tapfere Unterhemd
zum Oberhemd ernennen!
Ich hab's getragen sieben Jahr,
ich will's nicht tragen länger!
Es wurde mir ein guter Freund,
jedoch am Halse enger!«

Er steckte ihm den Orden an
vom »Hemdenband mit Schnalle«!
Die Hemden riefen, was man ruft
dreimal in solchem Falle:
»Hurra! Hurra!« und nochmals: »Rra!«
Das Oberhemd sprach: »Danke!«
und dann verschwand's im *höheren*
Regal vom Wäscheschranke!

Bäume im Wald

Bäume, die lange zusammenstehen,
können sich bald nicht mehr riechen und sehen,
weshalb oft Tannen, ja, manchmal selbst Eichen
wünschen, sie könnten ganz heimlich entweichen;
doch — da sie fest mit dem Erdreich verbunden
kraft langer Wurzeln, die man unten gefunden,
und deshalb stehn müssen stramm wie Soldaten —
müssen sie leider des Wunsches entraten.

Das Echo

Das Echo liegt im Felsenspalt
und schläft, mit Schnee bedeckt.
Solang es Winter ist und kalt,
wird es nicht aufgeweckt.

Doch wenn der Schnee geschmolzen ist,
du, lieber Enzian, grünst
und mutig jodelt der Tourist,
hat's Echo wieder Dienst.

Düsenlärm

Früher hatte man mit kranken Drüsen
oft zu tun —
heute lassen uns die lauten Düsen
nachts nicht ruhn!

Wie soll uns bei den Getösen
Schlaf erlösen!
Oder auch nur:
Wie soll man bei diesen bösen
Düsen dösen?

Der Mathematiker

Es war sehr kalt, der Winter dräute,
da trat — und außerdem war's glatt —
Professor Wurzel aus dem Hause,
weil er was einzukaufen hat.

Kaum tat er seine ersten Schritte,
als ihn das Gleichgewicht verließ,
er rutschte aus und fiel und brach sich
die Beine und noch das und dies.

Jetzt liegt er nun, völlig gebrochen,
im Krankenhaus in Gips und spricht:
»Ich rechnete schon oft mit Brüchen,
mit solchen Brüchen aber nicht!«

Am Kamin

Es gibt recht viele, die noch immer
vom englischen Kamine schwärmen.
Er kann so leidlich zwar das Zimmer —
doch ich mich nicht für ihn erwärmen.

Wenn ich vor solchem Möbel sitze —
ich muß das wirklich mal erwähnen —
so hab ich vorne große Hitze
und klappre hinten mit den Zähnen. —

Sitzt du jedoch bei mir ganz dicht,
legst um mich deinen lieben Arm,
dann gilt das, was ich sagte, nicht — — —
dann hab ich es auch hinten warm!

Danach

Ich reiste solo durch die Tropen,
sah Affen, Gnus und Antilopen
und — leider viel zu spät — den Tiger!
Er kam von hinten und blieb Sieger! —

Nun sitz ich hier im Paradiese
mit andern Engeln auf der Wiese.
Man ist sich noch ein wenig fremd.
Zwei Flügel wachsen durch mein Hemd — — —

Die Turmuhr

Bläst um unsrer Kirche Turm
aus Nordwest ein starker Sturm,
geht die Turmuhr überm Dach
immer nach, immer nach.

Wenn der Sturm sich aber dreht,
von der andern Seite weht,
und man blickt zur Uhr empor,
geht sie vor, geht sie vor.

Bläst jedoch der Sturm voll Zorn
mal ganz anders: mal von vorn,
kann man an den Zeigern sehn,
sie bleibt stehn, sie bleibt stehn.

Wenn der Sturm sich aber legt
und kein Lüftchen sich bewegt,
und man schaut zur Turmuhr flüchtig,
geht sie richtig, geht sie richtig.

Der Strohhut

Er hatte etwas blaues Blut
und Schmisse auf den Backen.
Der Strohhut aber stand ihm gut,
trug er ihn keck im Nacken.

Und tanzte er nach »In The Mood«,
stand er auf fremden Füßen.
Der Strohhut aber stand ihm gut,
nahm er ihn ab beim Grüßen.

Er sagte statt »Statut« — »Schdadut«,
er war nämlich aus Sachsen.
Der Strohhut aber stand ihm gut —
wie aus dem Kopf gewachsen.

Oben ohne

Natur ist immer dort sehr schön,
wo Bäume ihr zu Berge stehn,
und wenn der Wind behutsam leicht
wie'n Kamm durch diese Bäume streicht.

Doch wo die Berge kahl und steinig,
da ist nichts los! — Sei'n wir doch einig,
daß Schönheit meistens nicht viel zählt,
wenn's oben fehlt!

Eine Beobachtung

Herrn, die allein, aber dafür zur späten
Stunde, eine Bar oder sowas betreten,
reiten meist ein und dieselbe Masche:
eine Hand steckt in der Hosentasche!

Ist das nun einfach Verlegenheit
oder ein Akt von Verwegenheit?
Wissen sie nicht »mit den Händen, wohin«,
oder soll's heißen »seht her, wer ich bin«?!

Möglich ist auch: Diese Herren von Welt
zähln noch mal heimlich ihr Taschengeld ...

Milch

Es bot der arme Trödlersmann
dem Grafen ein Gemälde an,
das zeigte farbig, froh und frisch,
zwei Gläser Milch auf einem Tisch.
Der das gemalt, war namenlos —
das Bild dagegen rahmenlos.

Da sprach der Graf zum Trödlersmann:
»Was fang ich ohne Rahmen an?
Der Rahmen ist das A und O —
für dieses Machwerk sowieso!
Und dann der Preis! Ganz unerhört!
So viel sind zwei Glas Milch nicht wert!
Und außerdem fehlt, wie ich sag,
der Rahmen! Also — guten Tag!«

Da packte unser Trödlersmann
das Bild ein und sprach traurig dann:
»Wie doch's Intresse gleich erlahmt
an Milch, ist sie, wie hier, entrahmt!«

Schöne Aussichten

Ich habe ein Fenster im Zimmer
(das Fenster, das hatt ich schon immer),
doch lohnte es nie, zum Fenster zu gehn,
denn meine Aussicht ist gar nicht so schön:
nur eine Mietskaserne!

Doch wie ich neulich, ganz aus Versehn,
kam in die Nähe vom Fenster zu stehn,
bemerkte ich plötzlich schräg vis-à-vis
ein weibliches Wesen so schön wie noch nie!

Nun guck ich ziemlich gerne ...

Was wär ...

Was wär ein Apfel ohne -sine
was wären Häute ohne Schleim,
was wär die Vita ohne -mine,
was wärn Gedichte ohne Reim?

Was wär das E ohne die -lipse,
was wär veränder ohne -lich,
was wär ein Kragen ohne Schlipse,
und was wär ich bloß ohne dich?

Chor der Müllabfuhr

Kommt! Lasset von Tonne zu Tonne uns eilen!
Wir wollen dem Müll eine Abfuhr erteilen!

Auf! Machen wir, daß jede Tonne sich leere!
Wir sind dazu da, denn wir sind Müllionäre!
      Müllirallala, Müllirallala!

Von A bis E

Herr Afeu frug Herrn Befeu:
»Wo bleibt denn bloß Herr Cefeu?«
Da sprach Herr Befeu: »Cefeu?
Der sitzt mit Fräulein Defeu
dort unten hinterm Efeu!«

Gerüchte um Gerichte

Es gibt Gerüchte,
daß Hülsenfrüchte —
in Mengen genommen —
nicht gut bekommen.

Das macht ja nichts, ich finde das fein!
Warum soll man nicht auch mal ein *Blähboy* sein?!

Meine Geburt

Sie fand im Saal statt. Im Kreissaal.
Und schon war ich sauer! Merkte ich doch gleich, daß auf
Erden fast alles Lug und Trug ist!

Denn wieso heißt ein Kreissaal *Kreis*saal, wenn er *viereckig* ist?!
Erst viel später lernte ich — und auch nicht in der Schule —, daß man diesen Saal mit »ß« schreibt ...
Kaum hatten sich mir meine Eltern vorgestellt — ich hatte sie mir ganz anders vorgestellt — fanden sie mich »nein, wie reizend«! Dabei hatte ich kaum Haare auf dem Kopf, geschweige denn Zähne, auch war ich überall recht dick.
Kurz, ich sah aus wie jetzt! —
Bald darauf erschien Onkel Harry und fotografierte mich von sämtlichen Seiten. Besonders gelang ihm die Aufnahme, wo ich völlig entkleidet bäuchlings auf einem Bärenfell liege — wobei weder das Nackte die finanzielle Situation meines Vaters noch das Bärenfell meine rein germanische Abstammung dokumentieren sollte ...
Leider muß ich Sie um den Genuß dieses Aktfotos bringen, weil der Verlag meinte, es sei immerhin möglich, daß ein *Jugendlicher* das Buch aus Versehen kaufen, dann Anstoß an meinem Körper und damit Schaden an seiner Seele nehmen könne! Denn, bedenken Sie: ich trug damals nicht einmal eine Brille ...

An meine Brille

Ich wäre glatt verloren,
wärst du nicht stets bei mir.
Du hängst an meinen Ohren
grad so, wie ich an dir.

Trag dich auch, wenn auf Zehen
die Nacht sich niedersenkt,
dann kann ich besser sehen
den Traum, der mich umfängt.

Und wenn ich einst verschwinde,
so bleib auch dann bei mir,
damit ich sicher finde
den Weg, mein Gott, zu dir.

Die Eltern

Eltern bestehen in der Regel aus zwei Personen.
Es sollen allerdings auch Fälle bekanntgeworden sein, wo der Vater unbekannt ist. Von diesen überaus *seltenen* Fällen zeugt schon die im 17. Jahrhundert entstandene deutsche Volks-, oder besser gesagt, Halbwaise:
>Zeige mir dein Muttermal,
>zeig mir deinen Vater mal ...

Nun, ich konnte mich nicht beklagen: ich hatte so nach und nach *drei* Väter bekommen.
Und ebenso viele Mütter!
Diese Vielzahl an Eltern ist darauf zurückzuführen, daß sowohl mein Vater als auch meine Mutter jeweils dreimal den Bund fürs Leben schlossen.
Da nun aber nicht nur sie, sondern auch die Angeheirateten immer wieder heirateten, so besaß ich in den zwanziger Jah-

ren nicht weniger als einundzwanzig lebende Großelternteile, nämlich elf Großväter und zehn Großmütter ...
Alle Vä- und Mütter, aber auch deren Eltern kannten sich untereinander, vertrugen sich glänzend und verwöhnten mich. Und das nicht nur zur Weihnachtszeit ...
Man reichte mich ständig herum, und manchmal reichte es mir!
Es bleibt unerfindlich, wie ich damals alle Angehörigen auseinanderhalten konnte — ganz abgesehen von den fast täglich neu hinzukommenden Onkels und Tanten, die man ja auch noch mit Namen anreden mußte!
Jedenfalls erinnere ich mich, eine Liste angefertigt zu haben, die ich erst aus der Tasche und dann zu Rate zog, wenn ich gar nicht mehr weiter wußte. Sie ist in den Wirren des letzten — und hoffentlich wirklich letzten — Krieges ebenso verlorengegangen wie die Mehrzahl der in ihr aufgeführten Verwandten ...

Früheste Kindheit

Die Überschrift verbrachte ich in *Riga*, wo ich quasi zweimal zur Welt kam: am 7. Februar nach russischer und am 20. Februar nach hiesiger Zeitrechnung.
Im Datum, das muß man den Russen lassen, waren sie uns entschieden voraus!
Während in jenen Tagen Mütterchen Rußland von Väterchen Zar beherrscht wurde, wuchs *ich* ziemlich unbeherrscht auf; denn meine Eltern waren meine Großeltern.
Sie waren so gut zu mir, daß es schon wieder schlecht war!
Wenn ich, Gott behüte, nur einmal nieste, mußte ich für eine Woche ins Bett, und hustete ich gar, für zwei Wochen!
Schließlich war ich derart verweichlicht, daß ich nur noch nieste oder hustete – oder beides.
Trotzdem erinnere ich mich eines Tages, an dem ich nicht im Bett lag.

Es war herrlich warm, und ich tollte mit meiner Njanja — so hießen die dortigen Kindermädchen — im Garten herum, obwohl die Njanja wahrscheinlich viel lieber ruhig dagesessen hätte ...
Auf der Terrasse aber saß Großmütterchen und häkelte. Oder strickte.
Sie saß auf einem Klappstühlchen, und an einem Bein (des Klappstühlchens) war unser Mops Doggi angebunden. Plötzlich mußte er eine Möpsin oder etwas in der Art auf der vorüberführenden Straße gewittert haben...! Kurz und gut — oder vielmehr gar nicht gut: er nahm einen gewaltigen Anlauf und raste mitsamt dem Klappstühlchen — aber ohne Oma — von dannen!
Großmütterchen hatte inzwischen auf den harten Steinen der Terrasse Platz genommen, worüber ich in unbändiges Lachen ausbrach — ein Beweis für meinen schon damals stark ausgeprägten Sinn für Humor ... Großmütterchen hatte aber keinen! Nachdem sie sich mit Hilfe der Njanja erhoben hatte, erhielt ich die erste Ohrfeige meines Lebens — nicht ahnend, wie viele Ohrfeigen ich späterhin von anderen noch würde einstecken müssen ...
Natürlich fing ich jämmerlich zu weinen an. Das wiederum rührte Großmütterchen. Sie nahm mich auf ihren ausgedehnten Schoß und drückte mein Gesicht an ihre ebensolche Brust.
Als ich mit dem Weinen nachließ und das Antlitz wieder hob, war ich völlig schwarz: die Pailletten von Großmütterchens Kleid hatten abgefärbt ... Nun war es an Großmütterchen, herzlich zu lachen!
Überhaupt zeichnete sich unser Garten durch Lachen aus — besonders nach starken Regenfällen ...

Wie ich wurde

Ich war ein Wunderkind; denn ich konnte schon mit sechs Jahren und einem Finger »Hänschen klein« auf dem Klavier spielen. Fürwahr erstaunlich!
Auch begann ich bald Gedichte zu machen, die sich sogar ab und zu hinten reimten. Bitte, hier ist so ein Frühwerk — *früh* im wahrsten Sinne des Wortes!

Wandrer am Morgen

Morgens, wenn noch alle schlafen
und noch alles liegt in Ruh,
geht der Wandrer aus dem Hause
und dem fernen Ziele zu.
Gar nichts rührt sich, gar nichts regt sich,
selbst der Wind ist noch nicht wach —
nur die frühen Lerchen singen,
und der Wandrer macht es nach ...

Wie Sie sehen, befleißigte ich mich schon in jungen Jahren der *Kurzform* — nicht, weil ich ein Verfechter der Thesen »kurz und gut« oder »Kürze-Würze« war und bin, sondern einfach deshalb, weil ich an ungenügender Länge meiner Gedanken litt und leide! —
Übrigens: anhand des nun folgenden Beispiels können Sie feststellen, wie die Zeit in einem schöpferischen Menschen arbeitet, und wie der Dichter oft Jahre des Reifens benötigt, um seinem Werk *die* Gestalt zu geben, die auch die Nachwelt begeistern soll und wird!
Bitte vergleichen Sie meinen obigen »Wandrer am Morgen« mit dem vierzig Jahre später entstandenen

Wandrer am Abend

Abends, wenn schon alle schlafen
und schon alles liegt in Ruh,
geht der Wandrer aus dem Hause
und dem nahen Ziele zu.
Gar nichts rührt sich, gar nichts regt sich,
selbst der Wind schläft schon ganz fest —
nur der Wandrer in der Kneipe
singt, solange man ihn läßt.

Doch zurück zum Damals!
Plötzlich fing ich an, ernstlich Musik zu studieren und vier Stunden täglich Klavier zu üben. So war es kein Wunder, daß ich schon bald »Hänschen klein« völlig fehlerfrei mit *zwei* Fingern spielen konnte!
Mein größter Erfolg aber war »Die Schlacht bei Leipzig«! Sie ging so: ich setzte mich mit aller Kraft und dem Hinterteil auf die verschiedensten Stellen der Klaviatur, wodurch ich den Donner der Geschütze und die Einschläge der Granaten *treffend* demonstrierte!
Der Leser muß zugeben, daß ich schon damals recht *vielseitig* war ...

Die Schulzeit

Von ihr schweige ich lieber ...
Daß ich aber elf Jahre in der Sexta gesessen und dann geheiratet hätte — die Lehrerin nämlich —, ist ein Gerücht, dem ich mit aller Schärfe entgegentreten muß!!!

Einladungen

In Deutschland wird *Moral* immer großgeschrieben — auch aus sittlichen Gründen. Hauptsächlich aber wegen unserer Rechtschreibung, die dir befiehlt, Hauptworte, auch wenn sie dir unwichtig erscheinen, stets groß zu schreiben. In meiner Heimat jedoch war es *ganz* schlimm! Nie wäre es dir möglich gewesen, *allein* mit einem Mädchen ins Kaffee, Kino oder gar zum Tanzen zu gehen, ohne daß ihr tags darauf als verlobt galtet. Und das war gefährlich!
Um nun heiratsfähige Töchter trotzdem an den vorsichtigen Mann zu bringen, wurdest du als Junggeselle oft und gern von töchterhabenden Familien nach Hause eingeladen. Da es eine Menge derartiger Familien gab, mußtest du fast täglich woanders hin ...
Manchmal war es sogar ganz gemütlich — besonders dann, wenn der »Schwiegerpapa« gern einen trank und nun froh war, in dir einen Kumpel gefunden zu haben. Nach dem Abendessen, wo dir von der Mama die Vorzüge der betreffenden Tochter aufs Butterbrot geschmiert wurden, gingst du mit dem Hausherrn in sein Allerheiligstes, und dort kipptet ihr einen köstlichen Wodka nach dem andern herunter.
Nach dem zehnten Schnaps taute selbst der eiskälteste Vater auf und meinte etwas lallend, seine Tochter sei gar nicht so besonders — sondern ganz im Gegenteil! Und seine Frau erst — o je! Er sei damals auch so einge- und dann verladen worden, und er habe einen Fehler gemacht usw. usw.
Nachdem du zu später Stunde — aber noch nicht *zu* spät — den Damen des Hauses sämtliche Hände geküßt und vor lauter Wodka nicht mehr wußtest, falls mehrere Töchter anwesend waren, *welcher* du vorhin eigentlich den Hof gemacht hattest, verschwandest du gesättigt und »satt« auf Nimmerwiedersehn ...
Nun, es gab auch Familien mit zahlreichen Töchtern, die

dem Alkohol abhold waren. Da du aber rechtzeitig von deinen Freunden, die da schon mal zu Gast sein mußten, gewarnt wurdest, nahmst du eine Flasche mit, indem du sie wohlverwahrt in deine Manteltasche stecktest.
Während des Abendbrots täuschtest du leichtes Unwohlsein vor und gingst — jegliche Begleitung strikt ablehnend — dorthin, wo dein Mantel hing. Dort zogst du die Flasche heraus und dich dann zurück . . .
Schon nach ein paar Minuten kamst du in weit besserer Stimmung wieder; denn nun konntest du dich — dich auf deine Magenverstimmung berufend — weigern, den zähen Rehrücken, der dir ebenso hartnäckig auf der Zunge gelegen hatte wie die Bemerkung, du müßtest wohl ein Stück vom Geweih erwischt haben, zu Ende zu essen! Und beim Kompott, von dem die Hausfrau stolz berichtete, sie habe es persönlich eingeweckt — worauf du dir den Einwurf nicht verkneifen konntest, es sei schade, daß sie es wieder aufgeweckt habe — stattetest du abermals deiner Flasche einen nun etwas längeren Besuch ab.
Sie dankte es dir, indem sie die Stunden schneller verstreichen und deine rhetorischen Fähigkeiten in so hellem Licht erstrahlen ließ, daß deine »Zukünftige« in ebensolches Entzücken ausbrach . . .
Und beim Abschiednehmen passierte es dann, daß deine »Schwiegermutter« allen Ernstes zu dir sagte: »Sehen Sie, mein Lieber, es ging auch ohne Alkohol!«
Worauf auch du gingst und nie wieder eingeladen wurdest, weil man in irgendeiner Ecke deine leere Flasche gefunden hatte . . .

Bei dieser Gelegenheit möchte ich betonen, daß ich die Frau, mit der ich mich wirklich verlobte — dann sogar auch noch heiratete, und die mir so nach und nach vier Kinder schenkte, daß ich also diese Frau nicht im Suff, sondern im Fahrstuhl kennenlernte. Wir stiegen gleichzeitig im Parterre ein

und drückten — welch Zufall! — beide auf dasselbe Knöpfchen.
Und — unsere gemeinsame Fahrt nach oben ist, so hoffen wir, noch nicht beendet ...

Die Mitte

Ein kleines Verslein kam gegangen
und hat zu sprechen angefangen:
»Ich bin an deinem Tisch gewesen
und hab' dein Manuskript gelesen:
der Anfang ist ein wenig schwach,
dafür läßt dann das Ende nach.
Ich sei, gewähre mir die Bitte,
in deinem Buch deshalb die Mitte!«

Wie ich zur Marine kam

Am 16. November 1941 zog ich aus; denn man zog mich ein!
Eigentlich sollte ich schon im September einrücken, aber es gelang mir, wieder auszurücken — und das kam so:
Als der Gestellungsbefehl mit der ersten Post eintraf, ging ich unbehenden Fußes zum zuständigen Wehrbezirkskommando in Berlin-Halensee. Man fragte mich, ob ich Tiere möge. »Natürlich«, sagte ich, »hauptsächlich Katzen und Hunde!« Und wie es mit Pferden sei? »Aber sicher«, antwortete ich unsicher; denn mit Pferden hatte ich bislang nichts zu tun gehabt.
»Gut! Dann also Schwere Bespannte Artillerie in Küstrin!«
Na, Sie können sich ja denken, wie mir zu Mute war ...
An einem herrlichen Septembertag morgens um fünf nahm ich Abschied von Weib und Kind, dann mein Pappköffer-

chen, darauf mich zusammen und schlich mannhaft zur S-Bahn.

Je näher der befohlene Versammlungsplatz heranrückte, desto mehr Väter, Mütter, Schwestern, Brüder, Bräute und Ehefrauen stiegen in Begleitung ihrer einrückenden Helden zu. Wir mußten richtig zusammenrücken!

Mit dem Pappkarton in der Hand und mehreren Klößen im Hals betrat ich betreten den bewußten Platz, und schon wurde ich von einem Wald- oder Wiesenwebel — es kann aber auch ein Feldwebel gewesen sein — angeschrien, wo ich denn hin wolle!!??!!

Erst zuckte ich am *ganzen* Körper zusammen, dann bloß mit der Schulter und zeigte ihm die Einladung, die mit den Worten begann: Sie haben sich usw. usw. »Der große Haufen da rechts!« brüllte der Webel, und ich wankte davon.

Da ich von Hause aus recht schüchtern bin, stellte ich mich ganz bescheiden ans äußerste Ende des »Haufens« und wartete. — Plötzlich stand wie aus dem Boden gestampft ein Leutnant vor uns und befahl: »Abzählen!«

Das klappte eigentlich schon ganz nett; bloß die Nummer dreizehn war abergläubisch und rief: »Zwölf a!«

Ich war der Dreiundsiebzigste und, wie gesagt, der Letzte. Kaum hatte ich meine Zahl heraus, als der Leutnant rief: »Die letzten drei wegtreten! Ich brauche nur siebzig!« Nie werde ich den traurigen Blick der Nummer Dreizehn vergessen — hatte ihm doch der dumme, dumme Aberglaube nichts geholfen ...

Wie ich nach Hause kam, weiß ich nicht mehr, ich weiß nur, daß ich zum ersten Mal in meinem Leben einen Handstand machte, der sogar auf Anhieb gelang, und daß meine Frau mich lange ansah — erst ent-, dann begeistert!

Am gleichen Abend stand ich wieder strahlend auf der Bühne des Kabaretts der Komiker und hatte zehn Hervorrufe — was mich nicht weiter verwunderte, ist doch zehn die Quersumme von dreiundsiebzig ...

Aber schon im Oktober kam der nächste Gestellungsbefehl
— diesmal mit der zweiten Post.
Und wieder begab ich mich zum Wehrbezirkskommando.
Mit dem festen Vorsatz, Pferde, ja auch Hunde und Katzen
völlig abzulehnen, betrat ich es.
»Treiben Sie Sport?« lautete diesmal die Frage. Schlau, wie
ich nun einmal bin, antwortete ich: »Nein, überhaupt
nicht!« — »Können Sie radfahren?« Nun, das war meine
große Leidenschaft — also sagte ich: »Jawoll!«
»Schön! Dann kommen Sie zu den Radfahrern nach Brandenburg!«
Mir war auch nicht viel wohler als das erste Mal ...
Wieder war es fünf Uhr morgens, als Pappi mit der Pappschachtel loszuckelte. Diesmal nahm ich die U-Bahn ...
Ein riesiger Kasernenhof verschluckte mich, und wieder umzingelten mich wehklagend fremde Angehörige, aber — und
das war mir ebenso fremd — kein Dienstgrad schrie mich an!
Im Gegenteil!
Man fragte mich freundlich, wohin es mich zöge, worauf ich
— wie gehabt — den bekannten Schein vorwies. »Nach links,
bitte, da, wo der kleine Haufen steht!« Aha, dachte ich beim
Anblick der paar Radfahrer, es scheint doch nicht so viele
davon zu geben, wie allgemein behauptet wird ...
Ich gesellte mich also zu ihnen.
Plötzlich steuerte ein Offizier auf uns zu und musterte uns
leutseligen Auges. Als sein Auge — ich glaube, es war das
rechte — auf mir zu ruhen geruhte, stutzte er und trat auf
mich zu: »Sind Sie nicht dieser Klavierhumorist, über den
ich noch gestern im Kabarett der Komiker so herzlich gelacht
habe?« — »Jawohl!« erwiderte ich, so gut es mir die Klöße
im Halse gestatteten. »Machen Sie, daß Sie wegkommen!«
flüsterte er mir zu, drehte sich um und ging.
Und ich auch. Was heißt, ich ging? Ich rannte und rannte ... ! Selbst ein Radfahrer hätte Mühe gehabt, mich einzuholen ...

Ausgerechnet am 11.11. mußte ich wieder zum Wehrbezirkskommando. »Diesmal aber«, sprach ich zu mir, »bist du nicht so dumm! Weder kannst du radfahren, noch bist du tierlieb, kurz, du kannst und bist gar nichts!«
So gerüstet betrat ich die mir schon liebgewordenen Räume ...
Der Wehrbezirkskommandant begrüßte mich, als seien wir Freunde: »Na, mein Lieber, hat es das letzte Mal wieder nicht geklappt?« — »Nein, leider!« — »Nun, man hört ja so allerhand von Ihnen! Kabarett der Komiker und so! Was machen Sie da eigentlich?« — »Ich singe Chansons und begleite mich selbst am Klavier.« — »So, Sie können klavierspielen? Das ist ja großartig! Das Musikkorps der Kriegsmarine in Stralsund sucht einen Klavierspieler. Für was sie den brauchen, weiß ich nicht! Die werden doch nicht, wenn sie durch die Stadt marschieren, ein Klavier vornewegschieben?! Ha-ha-ha! Ist ja auch egal! Hätten Sie Lust?!«
Na und ob! Und so kam ich als Nichtschwimmer und Brillenträger zur Marine ... !

Die Gardinenpredigt

An den blumigen Gardinen
hängen Reste deiner Predigt,
und seitdem du sie gehalten,
bin ich für die Welt erledigt.
Einsam schleich ich durch die Landschaft.
Und der Schwager und die Nichten
zeigen nun auf mich mit Fingern,
statt mich wieder aufzurichten.
Bis zur nächsten großen Wäsche
muß ich meine Wohnung meiden,
denn ich kann diese Gardinen,
die geblümten, nicht mehr leiden!

ES WIRD ZEIT, DASS DU SO LANGSAM EINSIEHST, DASS ES MIT UNS NICHT MEHR SO WEITER GEHT. ES DREHT SICH NICHT ALLES NUR UM DICH, DU WIDERWÄRTIGER, EGOISTISCHER MENSCH. ES IST EINFACH NICHT ZU FASSEN, WAS DU DIR SO EINBILDEST. KEIN HALBWEGS NORMALER MENSCH KÖNNTE SICH VORSTELLEN, DASS ICH AUCH NUR EIN FÜNKCHEN LIEBE FÜR IHN EMPFINDE, NACH ALL DEM WAS VORGEFALLEN IST. BESTENFALLS MITLEID! ES IST EINE SCHANDE, WIE DU DICH MIR GEGENÜBER WIEDER AUFGEFÜHRT HAST. ANDERE MÄNNER VERWÖHNEN IHRE FRAUEN UND DU .... WAS MACHST DU....? WENN SICH DAS NICHT ÄNDERT, WEISS ICH NICHT, WAS NOCH PASSIERT. DANN MACH ICH EINFACH SCHLUSS MIT DIR UND GEHE ZU MEINER MUTTER. DIE HAT JA IMMER SCHON GESAGT... USW. USW. USW. USW. USW. USW.

Dünne Luft

Ich sitz in fast viertausend Meter Höhe,
doch meine Stimmung ist so ziemlich down ...
Die Luft ist dünn, das macht ganz schrecklich müde —
den Zustand merken Sie an diesem Liede:
mir ist, als wär vor meinem Kopf ein Zaun ...

Doch *ohne* Zaun klafft dicht vor mir ein Abgrund!
Ist er es wert, daß man ihn überhaupt erwähnt?!
Nun, ich schreib dies Gedicht hin als Etüde ...
Die dünne Luft macht wirklich einen müde — — —
sogar der Abgrund gähnt ... !

Das Steckenpferd

Der eine liebt Konkretes nur,
der andre das Abstrakte,
der dritte schwärmt für die Natur
und deshalb für das Nackte.
Der vierte mag nur Fleisch vom Schwein,
der fünfte Milch und Eier,
der sechste liebt den Moselwein,
der siebte Fräulein Meier.
Für jeden gibt es was von Wert,
für das er lebt und streitet,
und jeder hat sein Steckenpferd,
auf dem er immer reitet.

* * *

Freunde, hütet euch vor diesen,
die da husten, wenn sie niesen! ...

Drei Balladen

1
Es war einmal ein altes Schloß.
Und Kunibert, so hieß der Boß.
Er hatte Mägde, hatte Knechte
und eine Frau — das war das Schlechte!

Ihr Mund war breit, ihr Hals war lang,
und es klang schrecklich, wenn sie sang.
Da zielte er mit Korn und Kimme
und Wut auf sie — das war das Schlimme!

Es machte bumm! — (natürlich lauter!) —
dann fiel sie um! — Zum Himmel schaut er
und spricht, das Auge voll Gewässer:
»Vielleicht singt sie dort oben besser?!«

2
Es ritt der edle Ritter Kunkel
durch einen Wald, der still und dunkel —
als plötzlich, jäh und ungestüm,
ein grauslichgraues Ungetüm,
ein richtig schlimmes Drachenvieh,
das Feuer, Gift und Galle spie,
sich fliegend näherte dem Reiter
und schrie: »Bis hierher und nicht weiter!!!«

Der Ritter Kunkel zog am Zügel,
dann seinen Degen! Stieg vom Bügel,
und mutig, ohne banges Zagen,
ging er dem Drachen an den Kragen!
Gar bald gelang's ihm, hintern Ohren
das Scheusal schmerzhaft anzubohren,
worauf es »au« schrie nach dem Stich
und flugs nach oben hin entwich! —

Der Ritter reinigte den Degen
und ritt, nun auf befreiten Wegen,
dorthin, wohin er vorhin wollte!
(Wozu es fast nicht kommen sollte!)

Das Volk begrüßet ihn mit Tüchern,
und bald schrieb man von ihm in Büchern!
(Weil er der erste war, wie's hieß,
der einen Drachen steigen ließ!)

3
Es war einmal ein stolzer Ritter,
der wurde beim Turnier bloß Dritter.
Das ging dem Armen derart nah,
daß man ihn lebend nicht mehr sah.

Er starb am siebenzehnten Maien —
an einem warmen Tag — im Freien.
Er wollte niemand bei sich haben,
so mußte er sich selbst begraben. —

Ja, Dritter ist für einen Ritter bitter!

Zur Pause

Ich sag es ehrlich, oft geschah's,
daß ich im Leben was vergaß;
doch manches wiederum indessen
vergaß ich leider zu vergessen.
Was ich mit Recht vergessen sollte,
war, daß ich noch was dichten wollte.
Deshalb, o Muse, fleuch nach Hause,
ich mach jetzt
ZEHN MINUTEN PAUSE

Das Fenster

Es traf sich so, daß sie sich trafen.
Er fragte, ob ———, sie sagte: »Nein,
es geht nicht, meine Eltern schlafen!«
Dann ließ sie ihn zum Fenster 'rein.

Es zog durchs Fenster ... Nun, man schloß es ...
Nun zog es nicht mehr ... Man genoß es ...

Doch als sie seufzte: »Liebster Gangster,
wir sind verlobt, jetzt bist du mein«,
da sprang er auf und schlug das Fenster
und dann den Weg nach Hause ein.

Bei Opa

Der Opa ist ein frommer Mann
und liest in seiner Bibel.
Die Oma schneidet nebenan
fürs Abendbrot die Zwiebel.
Der Opa ist ein frommer Mann
und weint ob seiner Sünden.
Auch Omama weint nebenan,
jedoch aus andern Gründen.

Der Berg

Hätte man sämtliche Berge der ganzen Welt
zusammengetragen und übereinandergestellt,
und wäre zu Füßen dieses Massivs
ein riesiges Meer, ein breites und tiefs,
und stürzte dann unter Donnern und Blitzen
der Berg in dieses Meer ——— na, das würd spritzen!

Zweifel

Nein, nicht jeder Filmakteur
treibt mit dem Talent Verschwendung,
und nicht jeder Fernsehstar
glaubt an sich und seine Sendung.

Mancher Ofen heizt die Luft
überm Haus und drinnen rußt er,
mancher wird ein Diplomat
und bleibt trotzdem nur ein Schuster.

Mancher Käptn, der zur See
schiffen möcht, kahnt auf der Weser,
mancher hadert mit dem Sein
und dem Ich. Und du, mein Leser?

Erkenntnis

Man hat vor Jahren festgestellt,
daß unsre liebe, schöne Welt,
auf der wir leben, nicht nur bunt ist,
nein, daß sie außerdem auch rund ist.
Und deshalb sind wir in der Lage —
sowohl bei Nacht als auch bei Tage —
von einer Erdhälfte zur andern
zu fliegen, schwimmen oder wandern,
was ganz unmöglich wär beileibe,
wär unsre Erde nur 'ne Scheibe.

Wodurch, wie ihr es sicher wißt,
auf Erden alles Schei — be ist!

Gedanken am Samstagabend

Im Wasser schwimmt der Gummischwamm,
denn heut ist Samstag, und ich bade.
Zwei Zähne fehlen mir am Kamm,
es duftet laut nach Haarpomade. —

Das Wasser tropft ins Abflußrohr,
der Stöpsel scheint nicht gut zu schließen.
Ich habe Seife in dem Ohr
und Hühneraugen an den Füßen. —

Das Wasser ist schon stark getrübt,
nur mühsam wälzen sich die Fluten.
Ich bin seit vorgestern verliebt,
da hilft kein Blasen und kein Tuten. —

An Rolf

Du warst ein treuer Kamerad,
so treu, wie er im Buche steht.
Wir bummelten und spielten Skat,
dann wurden wir vom Wind verweht.

Dann wurden wir vom Wind verweht,
allein, ein Freund bliebst du mir nicht.
Ich wurde ja auch nur Poet,
du aber bist beim Amtsgericht.

Der Frühling

Wie wundervoll ist die Natur!
Man sieht so viele Blüten,
auch sieht man Schafe auf der Flur
und Schäfer, die sie hüten.
Ein leises Lied erklingt im Tal:
der müde Wandrer singt es.
Ein süßer Duft ist überall,
bloß hier im Zimmer stinkt es!

Eine Rede über die Rede

Unser Dasein wird von Reden begleitet: Bei der Taufe wird der Mensch mit Reden begrüßt — und am Grabe mit Reden verabschiedet.
Wie entsteht nun eigentlich eine Rede?
Zunächst hascht man sich einen Gedanken. Das dauert oft länger, als einem lieb ist. Hat man ihn dann endlich, ist er nackt und bloß. Also muß man ihn kleiden — und zwar in Worte! Nun beginnt man im Laufe der Rede Worte zu *verlieren*. Dadurch fehlen sie einem bald. Deshalb muß man schleunigst nach neuen Worten *suchen*, bis man welche *gefunden* hat. Hat man endlich wieder Worte *gefunden*, gehen sie einem aufs neue *verloren*, und man muß wieder nach Worten *suchen* usw. usw. Ein ewiges Verlieren, Suchen und Finden ist so eine Rede, und leider steht ihre Länge meist in keinem Verhältnis zu der Länge ihrer Gedanken!
Wird man unerwartet gebeten, eine Rede zu halten, so erschrecke man nicht, sondern fasse sich. Aber kurz!

Der Einsame

Einsam irr ich durch die Gassen,
durch den Regen, durch die Nacht.
Warum hast du mich verlassen,
warum hast du das gemacht?
Nichts bleibt mir, als mich zu grämen!
Gestern sprang ich in den Bach,
um das Leben mir zu nehmen;
doch der Bach war viel zu flach.

Einsam irr ich durch den Regen,
und ganz feucht ist mein Gesicht
nicht allein des Regens wegen,
nein, davon alleine nicht.
Wo bleibt Tod in schwarzem Kleide?
Wo bleibt Tod und tötet mich?
Oder besser noch: uns beide?
Oder besser: erst mal dich?

Ballade aus Estland

Im alten Schloß zu Wesenstein,
da soll es nachts ganz finster sein.
Warum's dort finster ist bei Nacht,
das hat noch keiner 'rausgebracht.

Und jede Nacht um Mitternacht
die Turmuhr laut zwölf Schläge macht.
Warum das grad um Mitternacht,
das hat noch keiner 'rausgebracht.

Ein Dichter, dem man's hinterbracht,
hat hieraus dies Gedicht gemacht.
Warum er dies Gedicht gemacht,
das hat noch keiner 'rausgebracht.

Das Blümchen*

Im Walde ist ein Plätzchen,
ein Plätzchen wunderschön.
Beim Plätzchen steht ein Bänkchen,
das möcht ich wiedersehn.
Beim Bänkchen wächst ein Blümchen,
ein Blümchen, weiß und rot,
das möcht ich gerne pflücken;
denn morgen ist es tot.
Ich will's ins Wasser legen,
bis daß es fast ertrinkt,
und es so lange hegen,
bis Mutti sagt: »Es stinkt!«

---

* Dieses Gedicht »schrieb« der Autor mit sechs Jahren.

Der Vielaß

Ach, ein Unglück ohne Frage
ist das Essen, doch bei Tage
kann der Mensch nicht ohne dem
sein, und das ist unbequem.
Durch des Mundes enge Schleuse
zwängt mit Mühe man die Speise,
bis sie — klein und weich zerlutscht —
tiefer in den Magen rutscht.
Bald bemerkt man, nicht erheitert,
daß der Bauch sich stark erweitert,
und mit sauerem Gesicht
stellt man fest, daß das Gewicht
sich bedenklich hat verschoben
und zwar leidergotts nach oben.

Moral:
Alles im Leben geht natürlich zu, nur die Hose
geht natürlich nicht zu!

Fußball

Vierundvierzig Beine rasen
durch die Gegend ohne Ziel,
und weil sie so rasen müssen,
nennt man das ein Rasenspiel.

Rechts und links stehn zwei Gestelle,
je ein Spieler steht davor.
Hält den Ball er, ist ein Held er,
hält er nicht, schreit man: »Du Toooor!«

Fußball spielt man meistens immer
mit der unteren Figur.
Mit dem Kopf, obwohl's erlaubt ist,
spielt man ihn ganz selten nur.

Überlistet

Wenn Blätter von den Bäumen stürzen,
die Tage täglich sich verkürzen,
wenn Amsel, Drossel, Fink und Meisen
die Koffer packen und verreisen,
wenn all die Maden, Motten, Mücken,
die wir versäumten zu zerdrücken,
von selber sterben — so glaubt mir:
es steht der Winter vor der Tür!

Ich laß ihn stehn!
Ich spiel ihm einen Possen!
Ich hab die Tür verriegelt
und gut abgeschlossen!
Er kann nicht 'rein!
Ich hab ihn angeschmiert!
Nun steht der Winter vor der Tür — — —
und friert!

Ein Ostergedicht

Wer ahnte, daß zum Weihnachtsfest
Cornelia mich sitzenläßt?

Das war noch nichts: zu Ostern jetzt
hat sie mich abermals versetzt!

Nun freu ich mich auf Pfingsten —
nicht im geringsten!

Eine verfahrene Geschichte

Ich sah dich in der Straßenbahn,
sah dich von allen Seiten an,
doch du, mein Schatz, du machtest dir nichts draus!
Ich bot dir meinen Sitzplatz an,
weil ich ja auch mal stehen kann,
doch du, du sagtest »danke« und stiegst aus!

Dies »danke«, oh, gab mir den Rest . . .
Du bist's, die mich nicht schlafen läßt!

Nun fahr ich mit der Straßenbahn,
wann immer ich nur fahren kann,
doch leider, Schätzchen, treffe ich dich nie!
Mich fragte schon die Schaffnerin,
ob ich wohl nicht bei Troste bin,
doch was, ich bitte Sie, versteht denn die?

Vor Kummer bin ich schon ganz dumm . . .
Vielleicht ist's besser, ich steig um?

Nun fahr ich mit dem Autobus,
wann immer ich nur fahren muß,
doch leider werd ich deiner nicht gewahr!
Bist du am Ende gar erkrankt?
Vielleicht verreist? Bist du in Sankt
Maurice, fährst Ski und abends in die Bar?

Werd ich nicht bald *verrückt* vor Qual,
dann bin ich wirklich nicht *normal!*

An einen Nichtschwimmer

Du kannst nicht schwimmen? Ah, deshalb kriegen
dich nicht Baldrian, nicht Kampfer
auf einen Dampfer!
Doch neulich hast du ein Flugzeug bestiegen!
Kannst du denn fliegen? ...

Ausgefallenes

Man hat ganz oben auf dem Kopfe
viel tausend Poren, dicht bei dicht.
Und nun — das ist das Wunderbare:
aus diesen Poren wachsen Haare!!!
Oder auch nicht.

Rezept

Besitzt du Senkfüße, schluck Pillen,
und du bist platt: sie helfen gleich!

Auch gegen sonstige Bazillen
gebrauch nicht Fenchel und Kamillen!
Vergiß das Zeugs um Himmelswillen!

Des Menschen *Pille* ist sein Himmelreich!

Berichtigung

So viel Säulen sind zu sehn,
die dort in die Lüfte ragen,
daß wir gut den Grund verstehn,
weshalb Griechen sich's versagen,
Säulen nach Athen zu tragen.

NB. Fälschlicherweise spricht man immer
von *Eulen*, die man in die griechische
Hauptstadt tragen will. Welch Nonsens!
Warum gerade *diese* Vögel, die jeden
Wohlgeschmacks entbehren?
Nein, nein! Das Mißverständnis ist auf
einen Sprachfehler des Philosophen
Aristophanes, der kein »S« aussprechen
konnte, zurückzuführen. Natürlich
meinte er *Säulen!*

Witzbolde

Es gibt eine Sorte von Menschen —
von zwanzig sind's wohl mehr als zehn! —
die fragen dich, wenn sie dich treffen
(egal, wo es ist): »Kennen Sie den?«

Und dann erzählen sie Witze,
Witze am laufenden Band,
die einen, die sind nichts zum Lachen,
die anderen sind dir bekannt.

Die bessren davon sind politisch,
die meisten aber obszön.
Du windest dich höflich und stammelst:
»Wie lustig! Wie köstlich! Wie schön!«

Laut lachend verschwinden die Bolde,
stolz über ihren Humor —
dabei besitzen sie keinen:
es kommt ihnen nur so vor.

Warum die Zitronen sauer wurden

Ich muß das wirklich mal betonen:
Ganz früher waren die Zitronen
(ich weiß nur nicht genau mehr, wann dies
gewesen ist) so *süß* wie Kandis.

Bis sie einst sprachen: »Wir Zitronen,
wir wollen groß sein wie Melonen!
Auch finden wir das Gelb abscheulich,
wir wollen rot sein oder bläulich!«

Gott hörte oben die Beschwerden
und sagte: »Daraus kann nichts werden!
Ihr müßt so bleiben! Ich bedauer!«
Da wurden die Zitronen sauer ...

Der Einbruch

Durch das angelehnte Fenster
steigt der jugendliche Gangster* —
er will nämlich die Juwelen,
die im Nachttisch liegen, stehlen!

Schon zieht sacht er an der Lade ———
da erwacht — und jetzt gerade! —
die Frau Gräfin aus dem Schlaf:
»Kommst du endlich, lieber Graf?«
flüstert sie und schlägt die Decken
ganz zurück ... Voller Erschrecken
übern Anblick springt der Gangster
ohne Schmuck schnell aus dem Fenster** ———!

Und er gibt sich das Versprechen,
nie wieder bei *alten* Damen
(auch mit adeligem Namen)
einzubrechen!

Trinklied

Wo bleibt heut bloß der Sonnenschein?
Liegt's an den Isobaren?
Ach, soll's doch ruhig trübe sein —
wir trinken unsern Klaren!

---

* Sollte jemand meinen, der Reim Fenster – Gangster sei nicht gut, so möchte ich hier unten ausdrücklich betonen, daß ich nie behauptet habe, er sei es!
** Siehe *

Schön eisgekühlt stürzt er zu Tal,
es wird uns heiß und heißer ...
Der trübe Himmel kann uns mal,
und *wo* er kann, das weiß er.

Das Trübsalblasen ist ein Graus
und schädlich ohne Zweifel!
Kommt, lacht den trüben Himmel aus —
Alkohol ihn doch der Teufel!

Spätlese

Ich bin sehr krank
und geh zum Schrank.
Ich hol ein Glas
und fülle das
mit Moselwein.
Hm, der schmeckt fein:
Spätlese!

Ich bin genesen
und möchte lesen.
Ich hol mir was
und lese das
von abends acht
bis Mitternacht.
Auch 'ne Spätlese ...

Dichter mit Leihpegasus

Mühsam erklimmt er das scharrende Huftier.
Platz nehmend hinter gewaltigen Schwingen,
klammert er fest sich an wehender Mähne,
startet mit trutziger Mähre gen Himmel.

Oben, in höheren Sphären, gebiert er
dann seine herrlichen Werke, entzieht sich
damit den Blicken der lästigen Menschheit.

Hat er genüßlich sein Opus beendet,
landet erleichtert er nahe der Wohnung.
Schleunig entfernt sich der wiehernde Vogel,
denn schon ein anderer Dichter harrt seiner ———

Legitim

Mich fragte neulich ein Tenor,
wie mir sein Linkerton in »Butterfly«
gefallen hätt?
Ich sagte ihm:
legitim!
Worauf er mich nicht nur entsetzt,
nein, auch sogar etwas verletzt
berichtigte, daß »legitim«
so gar nicht passe hier und heute,
weil es ja *rechtmäßig* bedeute!
Ich antwortete, daß ich ihm
sehr dankbar sei für seine Lehre —
doch hier der *Umlaut* zu betonen wäre:
recht mäßig!

Viele Verse ...

Viele Verse schrieb und schreib ich,
denn die Muse, die mich küßte, will es;
doch die Verse sind viel unbekannter
als die Verse des Achilles!
Über diese gibt es Bücher —
wer kennt nicht die dicken Folianten?
Meine Verse aber kennen
nur der Mond — und du — und dann zwei alte Tanten!

Die Kunst des Trinkens

Solange es uns Menschen gibt,
sind auch Getränke sehr beliebt —
ich meine hier natürlich nur
die alkoholischer Natur!

Den *Wein*, den hab ich übersprungen,
der wurde schon zu oft besungen —
und auch der *Sekt!* (Man reicht ihn Gästen
zum An- und Aufstoßen bei Festen.)

Wie selten aber steht vom *Bier*
etwas geschrieben, außer hier:
»Es schäumt das Glas mit edler Gerste,
und stets bekömmlich ist das erste!«

Doch gibt es außerdem Getränke,
den'n ich besondre Liebe schenke,
ich schätze fast seit der Geburt se:
das ist der *Klare* oder *Kurze!*

Wie wärmen sie an kalten Tagen
schön eisgekühlt den kalten Magen ! ! !
Wie spornen sie — als Geistgetränke —
den Geist an, daß er wieder denke ! ! !

Jedoch wie geistlos — sei'n wir offen! —
wird diese Köstlichkeit *gesoffen!*
Drum will ich, eh Sie einen heben,
hier schnell noch einen Ratschlag geben:

Man trinke *Schnaps* stets *nur zum Essen* ! ! !
Das *Bier* dazu soll man *vergessen* ! ! !
Und ob in Kneipe oder Haus:
Man lasse immer einen aus ! ! !

Wenn man das ganz genau so tut,
dann fährt man stets — auch Auto! — gut.

Fast eine Fastenkur

Alte Brötchen. Saure Weine.
Ein Salatblatt. Guß auf Beine.
Hunger nagt im Magen-Sektor.
Und er knurrt. Wie draußen Hektor.

Will nicht mehr gesund und schlank sein!
Will dann lieber dick und krank sein!

Kehrt zurück, ihr großen fetten
Schnitzel oder Schweinskotletten
und auch ihr, ihr Leibbeschwerden!

Bin es satt, nie satt zu werden!

Zum 25. August 1967
(Einführung des Farbfernsehens)

Das Fernsehprogramm, von dem Ersten bis Dritten,
das hatte, ich sage es nur beklommen,
an einer langwierigen Krankheit gelitten —
drum hat man es in Behandlung genommen.

Seitdem ist das Fernsehen unbestritten
gesundet. Er hat sogar Farbe bekommen ...

Fräulein Mabel*

(*Der Verfasser bittet, diesen Namen, wie so vieles heute,
englisch auszusprechen, also Mebel. Diese Bitte bezieht sich
natürlich auch auf die entsprechenden Reimwörter. Danke!*)

Alle Frauen, die
mit tausend Reizen ausgestattet,
durch das Weichbild unsrer Stadt lustwandeln, die
habe ich nicht lieb, denn
die sind nicht mein Typ, ich
brauche etwas andres fürs Gemüt. Zum Beispiel:
Fräulein Mabel, die,
durch wenig Schönheit ausgezeichnet,
still und unbemerkt durchs Leben schreitet, ist
mir nicht einerlei, und
weil sie mir stets treu, drum
widme ich ihr dieses schöne Lied!

---

* Dieses Chanson hatte der Verfasser zu Beginn seiner kabarettistischen
Tätigkeit ungefähr 3137 mal am Klavier vorgetragen. Er bittet alle
Geschädigten, die seinerzeit Zeugen dieses Vortrages wurden, aber
heute noch leben, nachträglich um Verzeihung.

Kennen Sie denn schon das Fräulein Mabel?
Würden Sie sie sehn, würd's Ihnen abel!
Beine hat sie dünn so wie ein Säbel —
meine süße kleine Freundin, Fräulein Mabel.
Kennen Sie denn schon das Fräulein Mabel?
Ausgeschnitten geht sie bis zum Nabel,
deshalb hab ich auch für sie ein Faible —
für die süße kleine Freundin, Fräulein Mabel.
Manche gibt es, die mir heute
dieses stille Glück nicht gönnen
nur deshalb, weil diese Leute
sowas nicht verstehen können!
Kennen Sie denn schon das Fräulein Mabel?
Sie bewohnt gleich nebenan 'ne mabel-
ierte kleine Wohnung unterm Gabel —
meine süße kleine Freundin, Fräulein Mabel.

Frau Wirtin

Frau Wirtin hatte einen Tänza,
den kriegte, ach, die Influenza
in ihre bösen Fänge.
Nun lag mit vierzig er im Bett —
na, das war ein Gedränge ... !

Schüttelreime

Im Juli gibt es heiße Nächte,
dann fängt man in der Neiße Hechte.
*
Er würgte eine Klapperschlang,
bis ihre Klapper schlapper klang.
*

Ich kann nichts dafür, daß der Mond schon scheint,
und daß nicht der Mond seinen Mondschein schont,
und daß Frau Adele im Wohnheim weint,
weil sie nicht wie früher in Weinheim wohnt.

*

Nur Wasser trinkt der Vierbeiner,
der Mensch, der findet Bier feiner.

Urlaub im Urwald

Ich geh im Urwald für mich hin ...
Wie schön, daß ich im Urwald bin:
Man kann hier noch so lange wandern,
ein Urbaum steht neben dem andern.
Und an den Bäumen, Blatt für Blatt,
hängt Urlaub. Schön, daß man ihn hat!

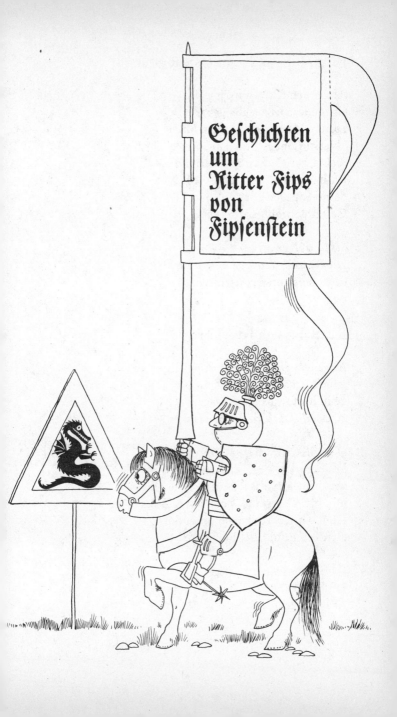

Ritter Fips und seine erste Rüstung

Als sie den Ritter Fips im Jahr
elfhundertsiebenzehn gebar,
zog die Mama dem kleinen Mann
als erstes eine Rüstung an,
die sie, bei Nacht und oft ermüdet,
für ihn gelötet und geschmiedet,
damit er gegen allerlei
Gefahren wohlgerüstet sei.

Schlußfolgerung:
Die Rüstung muß, ist man noch klein,
besonders unten *rostfrei* sein.

Ritter Fips und das Hirn

An einem Sonntag frug Klein-Fips
seine Mama: »Mama, was gib's
denn heute mittag sozusagen
zu essen? Darf ich das mal fragen?«

»Gewiß«, sprach sie mit mildem Glanz
im Auge, »heute gibt es ganz
was Feines, etwas für verwöhnte Mägen
und für'n Verstand: heut gibt es Brägen!
Davon kriegst du, mein lieber Sohn,
gleich eine *doppelte* Portion!«

Schlußfolgerung:
Doch selten nur, lehrt die Erfahrung,
ist Hirn, gebraten, *geist'ge* Nahrung.

Ritter Fips als Kind

Der kleine Fipsi war als Kind
ganz anders als sonst Kinder sind:
Nie zog er einen Hund am Schwanz,
und auch Insekten blieben ganz.

Er biß auch seine Amme nie,
wusch ihn mit einem Schwamme sie.

Schlußfolgerung:
Nicht immer bleibt ein Rittersmann
so tugendhaft, wie er begann.

Ritter Fips und das Geigenspiel

Mit falschen Tönen, doch nicht feige,
strich Fips die Saiten seiner Geige,
bis ihm die Mutter sagte: »Fips!
Ich tret nicht gern dir auf den Schlips!
Doch darf ein Fips von Fipsenstein
nicht bloß ein kleiner Geiger sein!
Du bist der Mitwelt *Größres s*chuldig!«
»Na schön«, sprach da der Sohn geduldig,
»ich weiß was Größeres: ich latsche
zu Meister Bim und lerne *Bratsche!*«

Schlußfolgerung:
Man kann, des größren Hohlraums wegen,
weit mehr noch in ein *Cello* legen.

Ritter Fips und die Schule

Der Knabe Fips (sehr traurig das!),
der hatte gegen's Lernen was!
Zum Beispiel: Schreiben oder Lesen –
dies beides lag nicht seinem Wesen,
und auch dem Rechnen mit den Brüchen
war er beharrlich ausgewichen.

Doch was er schätzte, selbst in Serien,
das waren jedesmal die Ferien,
die er von sich aus noch ergänzte,
indem er gern die Schule schwänzte.

Schlußfolgerung:
Man sieht aus diesem allen klar,
daß Fips normal veranlagt war.

Ritter Fips und das Küchenpersonal

Des jungen Fipsen liebste Schliche,
das waren die in Richtung Küche.

Zuerst stand er am Herd und roch,
was er da Schönes kocht, der Koch;
doch galt hauptsächlich sein Intresse
nicht etwa dem, was er heut esse —
mitnichten: es galt der Mathilde,
der Antje, aber auch der Hilde,
die Teller wuschen, Silber putzten
und so der Küche trefflich nutzten.

Mit diesen Damen trieb der Sohn
des Hauses dann Konversation.

Schlußfolgerung:
Der Jugend Hang für Küchenmädchen
konnte schon Wilhelm Busch bestät'chen.

Ritter Fips und des Nachbarn Bier

Der junge Ritter Fips begab sich
sehr oft zum Nachbarschloß. (Er hab sich,
so wurde allgemein gedacht,
des Nachbarn Tochter angelacht.)
Jedoch war für den stillen Wandrer
der Grund zum Wandern ein ganz andrer.

Er wollte eruiern, ob durch
die Erdkruste von Burch zu Burch
es möglich wär, 'nen Gang zu graben,
um einen kürzern Weg zu haben.
»Denn«, sprach er, »drüben ist das Bier
viel würziger als hier bei mir! —
Dann könnt ich zusätzlich erwägen,
aus Schläuchen Leitungen zu legen,
die, unsichtbar für Nachbaraugen,
durch diesen Gang das Bier hersaugen.
Ich hätte dann, wenn's keiner merkt,
genug vom Trank, der mich so stärkt!«

Doch leider, wie so oft im Leben,
ging dieser böse Plan daneben!

Eine gewalt'ge Feuersbrunst
hüllte des Nachbarn Schloß in Dunst!
Man spritzte zwar aus allen Rohren,
doch schien die Burg total verloren,
bis einer schließlich darauf kam
und 's *Bier* zur Brandbekämpfung nahm —
und siehe da, das Bier war gut:
es bändigte des Feuers Wut!

Doch dadurch war Herr Fips der Sorge
enthoben, wie er Bier sich borge.

Schlußfolgerung:
Das Bier löscht nicht nur, wie bekannt,
den Durst. Nein, es löscht *jeden* Brand.

Ritter Fips und die Diät

Des edlen Ritters Fips Bestreben
ging dahin, streng diät zu leben,
denn er entdeckte dies: stieg ganz er
vom Kopf bis Fuß in seinen Panzer,
nachdem er aß, was sie ihm brieten,
dann platzte er aus allen Nieten.
Deshalb genoß er ohne frohes
Gefühl Gemüse — und nur rohes.

Wie floß das Wasser ihm zusamm'
im Mund, sah er ein fettes Lamm!
An Suppen dacht er mit Apptit,
die er, genau wie Pudding, mied!

Jedoch, durch den Entzug des Fetts,
der Karbonaden und Kotletts
geriet gar bald in Harnisch er —
und siehe, plötzlich paßte der!

Schlußfolgerung:
Den Harnisch schafft der kluge Mann
sich gleich 'ne Nummer größer an.

Ritter Fips als Held

Der Ritter Fips beschloß verwegen,
ein Ungeheuer zu erlegen,
das, gar nicht weit von seinem Schloß,
die Untertanen sehr verdroß.
Es war viel größer als ein Bär
und zehnmal kräftiger als der.

So stieg Herr Fips denn auf den Wallach,
verabschiedete sich überall, ach,
und ritt dann voll des Ungestüms
zum Wohnsitz dieses Ungetüms.
Und da geschah's, daß kurz vorm Ziel
er aus Versehn vom Pferde fiel. —

Bald drauf, den Kiefer ausgeklinkt,
kam er per pedes heimgehinkt.
(Das Roß lief, gleich nach diesem Fall,
nach Haus und stand bereits im Stall.)

Es herrschte Jubel angesichts
des Helden — doch er sagte nichts . . .

Schlußfolgerung:
Es hat nur selten der gesprochen,
der sich den Kiefer grad gebrochen.

Ritter Fips und das Zahnweh

Herr Fips bemerkte kummervoll,
daß ihm die eine Backe schwoll.
Das war an sich nicht schlimm, jedoch
der Schmerz, der aus dem Zahnloch kroch,
der bohrte, zog und quälte ihn.

Da bat Herr Fips um Medizin
den Doktor Stups. Der braute einen
gesunden Trank aus Mückenbeinen,
aus dem Urin der Vogelspinne —
(auch etwas Milz vom Frosch war drinne) —
und noch so was ... Da sprach der Kranke,
als er das Tränklein sah: »Nein, danke!
Eh gegen Schmerzen aus dem Kelche
ich trinke, hab ich lieber welche!«

Schlußfolgerung:
Es werden Schmerzen erst, nachdem
sie nachgelassen, angenehm.

Ritter Fips und das Echo

Herr Fips, geharnischt und beschildet,
war in Musik recht ungebildet,
doch wurd es Frühling und dann Mai,
vielleicht auch Juni, einerlei,
dann griff er mutig in die Saiten,
um sich zur Laute zu begleiten
zu Weisen, welche ihm entwichen
und eher einem Brüllen glichen.

Bis zum Gebirg drangen die Lieder
und kamen dann als Echo wieder,
so daß man sie, was jeden störte,
nach kurzer Zeit noch einmal hörte.
Doch wagte niemand, Fips zu zwingen,
zur *andern* Seite hinzusingen,
wo eine, weil dort flach das Land,
Gefahr des Echos nicht bestand.

Schlußfolgerung:
Die von Gesang nicht viel verstehn,
die lassen auch am besten den.

Ritter Fips und die Jungfrau

Bei jedem Wetter, auch beim Sturme,
rief man es mehrmals laut vom Turme:
»Hört, Leute, was wir euch verkünden:
Fips will eine Familie gründen!
Drum wünscht und hofft er, daß in Bälde
sich eine Jungfrau bei ihm melde!«

Es hub ein Suchen an und Spähen,
doch keine Jungfrau war zu sehen.
Die einzige, die man gefunden,
wurd grad von einem Kind entbunden.

Schlußfolgerung:
Will jemand eine Jungfrau frein,
darf er nicht so penibel sein.

Ritter Fips und das Burgverlies

Fips sprach zu seinem Knappen dies:
»Wir steigen jetzt ins Burgverlies!
Besorg uns eine Menge Lichts,
denn: ist es dunkel, sieht man nichts!«

Da sprach der Knappe voll des Leids:
»Geh nicht hinunter, Herr, vermeid's!«
»Schön«, sagte Fips, »wenn du dich bangst,
bleib oben! *Ich* hab keine Angst!«
Und schon sah man mit Zuversicht,
mit Gottvertrauen und mit Licht
ihn in den Keller abwärtssteigen ...
Er war allein ... Ihm wurde eigen ...

Da! Plötzlich saß dort, nein, wie nett,
ein Mensch! Vielmehr nur sein Skelett.
Ihm fehlten Haar, Fleisch und Gesicht —,
doch störte das den Ritter nicht!
Im Gegenteil, er fand es fein,
dann war er hier nicht so allein!

Mit Hilfe seines Lichts besah
er sich den Toten von ganz nah —,
und da erschrak er dann denn doch,
als aus dem Mund 'ne Kröte kroch ...

Schlußfolgerung:
Das Angstgefühl im Burgverlies
verläßt dich erst, verließ't du dies.

Ritter Fips und des Sängers Fluch(t)

Herr Fips sprach zu dem Knappen Heiner:
»Nanu, da draußen singt ja einer?!
Gib ihm zwei Groschen, und er möge
bald sehen, daß er weiterzöge!
Und sag ihm, daß hier niemand wohne,
für den zu singen es sich lohne!«

Der Knappe tat, wie man befahl.
Da trat der Sänger in den Saal,
warf Fips die Groschen ins Gesicht:
»Den Dank, Ritter, begehr ich nicht!
Du bist ein Geizhals! Bist verrucht!«
und ging. Das war des Sängers Flucht.

Schlußfolgerung:
Man gebe Sängern für die Lieder
nie zu viel Geld. Sonst komm'n sie wieder.

Ritter Fips und der Magere

Es war bekannt, daß Ritter Fips
zwar Kraft besaß, doch wenig Grips,
denn fragte man ihn was beim Quiz,
nie wußte er dann, was es is'!

Da sowas peinlich ist auf Reisen,
war Dr. Hadubrand zu preisen,
der, äußerst mager von Figur,
ab nun stets mit dem Ritter fuhr.

So konnte diesem bei Turnieren,
bei geistigen, nicht viel passieren,
denn machte er sich etwas dünn,
stak Hadu mit im Panzer drin
und konnte so auf alle Fragen
die Antwort leis von hinten sagen!

Schlußfolgerung:
Man muß sich notfalls jemand mieten,
hat man an Geist selbst nichts zu bieten.

Ritter Fips und die Mandeln

Fips — nur um den kann sich's hier handeln! —
erkrankte schwer an seinen Mandeln,
weshalb er bat, wenn auch nicht gerne,
daß man die Dinger ihm entferne.

Herr Dr. Stips, der zuständig
für Leiden war, die inwendig,
gab erst einmal, wie früher stets,
Fips einen Schlag auf dessen Dez,
griff dann zu dem Skalpell, dem blanken,
und operierte unsren Kranken.

Seitdem sah man nur ohne Mandeln
Herrn Fips durch die Gemächer wandeln.

Schlußfolgerung:
Warum sich mit den Mandeln quälen?
Man sieht's ja nicht, wenn sie dir fehlen.

Ritter Fips und das Wagenrennen

An manchen hohen Feiertagen
bestieg Herr Fips den Zweiradwagen
und rief: »Ihr Rosse, vier und feurig!
Trabt los! Zu meinem Sieg euch steur ich!«

Und hui! schon flog das Renngespann
mit Peitschenknall und Rittersmann
durch Wald und Wiesen, Feld und Flur,
und alles staunte: »Wie Ben Hur!«
Er traf auch stets als Erster ein —
kein Wunder, er fuhr ja allein!

Schlußfolgerung:
Gibt Pferden man eins hinten drauf,
beschleunigen sie vorn den Lauf.

Ritter Fips und der Zweikampf

Es zog ein reicher Kaufmannssohn
mit Spezerein und Munition
vorbei an Ritter Fipsens Schloß,
was diesen überaus verdroß!

Drum kam Fips, vollgetankt mit Bier,
(doch roch man's nicht, weil das Visier,
wie stets bei ihm und bei Gefahr,
bis untenhin geschlossen war)
dem Kaufmannssohn auf schnellsten Wegen
nicht freundlich zwar – aber entgegen.

Der Kampf – denn jeder wollte siegen! –
fand statt auf Brechen und auf Biegen,
und nur durch Stellen eines Beins
verlor der Kaufmann null zu eins –
und schließlich auch sein Haupt als solches
durch einen scharfen Schnitt des Dolches!

Schlußfolgerung:
Es lohnt sich keinen Hut zu tragen,
endet der Mensch bereits beim Kragen.

Ritter Fips und das Team

Lag Ritter Fips im Bett und schlief –
sein Schlaf war, wie man wußte, tief! –,
befand am Ende von dem Bett
sich stets ein Trio, ein Terzett,
und dies bestand aus gutem Grund
aus *Eule, Sittich* und dem *Hund*.

Die Eule — Wunder der Natur! —
sah alles gut im Dunkeln nur,
drum war ihr Nutzen nicht gering,
falls jemand nachts durchs Zimmer ging.

Der Sittich — das erstaunte jeden! —
vermochte wiederum zu reden.
Und machte ihn die Eule wach,
so dachte er nicht lange nach,
nein, er rief gleich: »Hier spricht der Sittich!
Nun bell mal, blöder Hund, ich bitt dich!«
Und schon ertönte — man war baff! —
ein aufgeregtes »waff-waff-waff«.

Und der Effekt? In Eile nahm
der Feind den Weg, auf dem er kam ...

Schlußfolgerung:
Die Teamarbeit ist, siehe oben,
stets zu empfehlen und zu loben.

Ritter Fips und sein Sekretär

1
Herr Fips gehörte zu der Sorte
von Rittern, denen manche Worte,
wenn sie dieselben schreiben sollten,
nicht richtig von der Feder wollten.

So hielten beispielsweise diese
kaum stand der strengen Expertise:
Triumph und Trumpf! Fips konnt die beiden
Vokabeln schwer nur unterscheiden:
Mal schrieb er *Trumph* mit p und h,
mal stand *Triumpf* mit pf da.

Das wurmte ihn. Drum suchte er
und fand bald einen Sekretär,
der — und nicht *diese* Wörter bloß —
ganz deutlich schrieb und fehlerlos.

Schlußfolgerung:
Ein Sekretär ist auch noch jetzt —
und sei's als Möbel — hochgeschätzt.

Ritter Fips und sein Sekretär

2
An einem Morgen sprach Herr Fips
zu seinem Sekretär: »Da, tipp's!
Das hab ich heute nacht erdacht
und mühsam zu Papier gebracht.
Dann heft es in ein Heft hinein,
es soll meine *Laudatio* sein!«

Und wie dies Machwerk nun gewesen,
ist hier im folgenden zu lesen:
Eine Laudatio
auf den Ritter Fips von Fipsenstein
vom Ritter Fips von Fipsenstein

Ich bin der gute Ritter Fips,
bin's selbst und höchstpersönlich!
Mein Aug ist blau, mein Schwert ist scharf,
an mir ist nichts gewöhnlich!
Ich kam zur Welt und bin nun hier
zum Essen und zum Trinken!
Am liebsten trink ich helles Bier —
und eß am liebsten Schinken!

Ich bin der treue Ritter Fips
voll Sanftmut und voll Güte!
Daß ich mal tu, was sich nicht schickt,
das kommt nicht in die Tüte!
Den Reichen nehm ich Geld und Blut,
hab manchen schon begraben —
den Armen aber bin ich gut,
weil die ja doch nichts haben!

Ich bin der edle Ritter Fips,
bin stolz, gerecht und mutig!
Und nur, wenn ich sehr wütend bin,
nur dann gerat in Wut ich!
Nach Heldentaten steht mein Sinn
und auch nach klugen Werken!
Daß ich ein bißchen dämlich bin,
das ist fast nicht zu merken!

Schlußfolgerung:
Man sollte selber was verfassen
über sich selbst, wenn's andre lassen.

Ritter Fips und ein Wochenprogramm

Am *Montag*, noch auf weicher Daune,
litt Ritter Fips an schlechter Laune.
Das war an sich nicht ungewöhnlich:
den andern Rittern ging es ähnlich.

Am *Dienstag* morgen war der Ritter
bei Nachbarsleuten Babysitter.
Das Kind war siebzehn und hieß Magda —
Herr Fips blieb gleich den ganzen Tag da.

Am *Mittwoch* zählte er mit Mühe
auf einer Wiese seine Kühe.
Dann legte er sich müde nieder
ins Gras und sah auch Magda wieder.

Am *Donnerstag* saß Fips im Garten
und spielte dort mit Magda Karten,
wobei ihm bald ein Nullspiel glückte,
weil er geschickt die Dame drückte.

Am *Freitag* gab's, was Fips nicht mochte,
gebratne Fische und gekochte,
drum schlich er sich mit leerem Magen
zu Magda, wo die Schinken lagen.

Am *Samstag* ritt auf stillen Wegen
in's Grüne er — und das bei Regen,
erfreute sich an Flor- und Fauna —
und dann an Magda in der Sauna.

Am *Sonntag* ging, für alle Fälle,
der Ritter in die Schloßkapelle.
Er kniete, dachte nach und lag da —
doch das natürlich ohne Magda.

Schlußfolgerung:
Man soll stets gut den Werktag nutzen —
und sonntags seine Seele putzen.

Ritter Fips und der Dichter

Damit 's nicht hieße »Fips der Doofe«,
war meistens ein Poet am Hofe,
der mußte, wollte er auch bleiben,
für seinen Herrn Gedichte schreiben;
und abends dann, beim Kerzenscheine,
las Fips sie vor, als sei'n es seine!

Schlußfolgerung:
Das, was man so als Dichter schreibt,
vergeht entweder oder bleibt.

Ritter Fips und seine Läuterung

Herr Fips gehörte, wie Sie ahnen,
zum edlen Stamme der Germanen,
die immer riefen: »Niemals — nie!
Wir sind die diejenigen, die . . . . !«
Macht, Ruhm und Geld sahn sie im Traum noch,
und arbeiteten sie, dann kaum noch —
im Gegenteil: aus alten Quellen
weiß man, sie lagen meist auf Fellen
und tranken Bier, das schäumend gelbe . . .
Herr Fips tat ganz genau dasselbe!

Doch eines Tags — das war ein Ding! —
geschah es, daß er in sich ging
und sprach: »Wie ist das Leben stur!
Ab heute trink ich Dunkles nur!«

Schlußfolgerung:
Den andern zur Erheiterung
dient stets die eigne Läuterung.

Ritter Fips und das Blutbad

»Ha«, rief Herr Fips, »was kann es schaden,
ich tu das auch mal: ich geh baden!
Füllt mir die Wanne, seid so gut,
mit frischem, warmem *Drachenblut*!
Dann bin ich« — (was in aller Mund war!) —
»genau wie Siegfried *unverwundbar*!«

Ein Trog wurde herbeigeschafft,
den füllte man mit Drachensaft —
denn Drachen gab's zu der Epoch
in jeder Menge, noch und noch!

Als nun Herr Fips dem Bad entstieg
(vor Augen schon den großen Sieg!),
da merkte unser Rittersmann:
er hatte noch die Rüstung an ...

Schlußfolgerung:
Wer baden geht, egal in was,
der tue unbekleidet das.

Ritter Fips im Winter

Der Ritter Fips bemerkte bald:
Wenn Winter ist, dann ist es kalt,
drum war sein Harnisch, was von Reiz war,
von Kopf bis Fuß im Innern heizbar.

So schritt er durch die Stadt —, doch litt er,
rief man: »Da kommt der warme Ritter!«

Schlußfolgerung:
Nur wer im Kalten sitzt, der weiß es,
was es bedeutet: etwas Heißes!

Ritter Fips und sein Ende

Der edle Ritter Fips war eines
Tags voll des süßen, roten Weines,
worauf er — oh, sein Kopf wog schwer! —
in einen Sarg kroch. Der war leer.
Hier legte er sich rücklings nieder
und schloß den Deckel und die Lider —
nicht überlegend, daß im Off*
es ihm gebrach an Sauerstoff.

Da dieser für die Atmung wichtig,
verschied Herr Fips. Er lag gleich richtig.

Schlußfolgerung:
Man soll in keinen Sarg sich legen,
will man nur *kurz* der Ruhe pflegen.

---

* »Off« ist dem Englischen entnommen und bedeutet »Aus«, im übertragenen Sinne auch »Abseits«. Doch diese beiden deutschen Wörter reimen sich nur schlecht auf »Sauerstoff«. Der Verfasser bittet bei den nichtanglophilen Lesern um Nachsicht — wegen der Verfremdung deutscher Lyrik.

Ritter Fips und sein anderes Ende

Es stand an seines Schlosses Brüstung
der Ritter Fips in voller Rüstung.

Da hörte er von unten Krach
und sprach zu sich: »Ich schau mal nach!«
und lehnte sich in voller Rüstung
weit über die erwähnte Brüstung.

Hierbei verlor er alsobald
zuerst den Helm und dann den Halt,
wonach — verfolgend stur sein Ziel —
er pausenlos bis unten fiel.
Und hier verlor er durch sein Streben
als drittes nun auch noch das Leben,
an dem er ganz besonders hing — — !

Der Blechschaden war nur gering ...

Schlußfolgerung:
Falls fallend du vom Dach verschwandest,
so brems, bevor du unten landest.

In vier Zeilen

In nur vier Zeilen

In nur vier Zeilen was zu sagen
erscheint zwar leicht; doch es ist schwer!
Man braucht ja nur mal nachzuschlagen:
die meisten Dichter brauchen mehr ...

Zu kurz

Kaum, daß auf diese Welt du kamst,
zur Schule gingst, die Gattin nahmst,
dir Kinder, Geld und Gut erwarbst —
schon liegst du unten, weil du starbst.

Wandspruch

Die Arbeit ist oft unbequem,
die Faulheit ist es nicht, trotzdem:
der kleinste Ehrgeiz, hat man ihn,
ist stets der Faulheit vorzuziehn!

Die Starlets

Jetzt weiß ich endlich auch, wieso
sie Köpfe haben! — Soll ich's sagen?
Sie brauchen dann das viele Stroh
nicht in der Hand zu tragen!

Nichts

»Gott hat die Welt aus *Nichts* gemacht«,
so steht es im Brevier,
nun kommt mir manchmal der Verdacht,
er macht sich *nichts* aus ihr ...

Zwang

Du mußt dich zu sehr vielen Dingen,
willst du sie tun, geradzu zwingen!
Trotzdem wirkt das — was dir gelungen —
oft zwingend leicht und ungezwungen.

An einen jungen Journalisten

Das Schreibenlernen, das begannst
du früh schon zu betreiben;
und doch — obwohl du schreiben kannst —
kannst du bis heut nicht »schreiben«!

Erfreulich

Es ist gewiß viel Schönes dran
am Element, dem nassen,
weil man das Wasser trinken kann!
Man kann's aber auch lassen — — —

Zu spät

Die alten Zähne wurden schlecht,
und man begann, sie auszureißen,
die neuen kamen grade recht,
um mit ihnen ins Gras zu beißen.

Der Fels

Wenn dir ein Fels vom Herzen fällt,
so fällt er auf den Fuß dir prompt!
So ist es nun mal auf der Welt:
ein Kummer geht, ein Kummer kommt ...

Abendfrieden

Die Oma murmelt leise vor sich her —
sie spricht mit Opa, doch den gibt's nicht mehr ...
Im Bettchen nebenan schläft süß das Kind ...
Die Mutter strickt ... Der Vater spinnt ...

Unterschied

Wollen wir doch einmal dieses Thema streifen:
Autoräder sind von *Reifen* —
Lehrer aber, die zu lehren sich bestreben,
sind von *Unreifen* umgeben!

Noch 'n Unterschied

Wir fuhren einst zusammen
tagtäglich mit der »Zehn«,
jetzt fahren wir zusammen,
wenn wir uns wiedersehn!

Der Snob

Sie reichten Weine mir und Bier
und Schnäpse und dergleichen —
dabei könn'n diese Leute mir
nicht mal das Wasser reichen!

15 Vierzeiler ohne Überschrift

* * *

Ich wälze nicht schwere Probleme
und spreche nicht über die Zeit.
Ich weiß nicht, wohin ich dann käme,
ich weiß nur, ich käme nicht weit.

* * *

»Ich hol vom Himmel dir die Sterne«,
so schwören wir den Frauen gerne.
Doch nur am Anfang! Später holen
wir nicht mal aus dem Keller Kohlen.

Voller Sanftmut sind die Mienen
und voll Güte ist die Seele,
sie sind stets bereit zu dienen,
deshalb nennt man sie Kamele.

* * *

Ein Naßhorn und ein Trockenhorn
spazierten durch die Wüste,
da stolperte das Trockenhorn,
und 's Naßhorn sagte: »Siehste!«

* * *

Ich finde solche, die von ihrem Geld erzählen
und solche, die mit ihrem Geiste protzen
und solche, die erst beten und dann stehlen,
ich finde solche, Sie verzeihn, zum Kotzen.

* * *

Es soll manchen Dichter geben,
der muß dichten, um zu leben.
Ist das immer so? Mitnichten,
manche leben, um zu dichten.

* * *

Wenn die Opern dich umbrausen
mit Getön,
dann genieße auch die Pausen:
sie sind schön.

* * *

Manche Dichter gibt es, die be-
nötigen der Sachen vier:
einen guten Reim auf Liebe,
Feder, Tinte und Papier.

Ich denk nicht gern an jenen Kuß,
den du mir gabst, Helene;
denn wenn ich an ihn denken muß,
dann werd ich müd und gähne.

* * *

Nach Schluß der langen Oper hörte
ich neulich folgende Kritik:
»Was mich an dieser Oper störte,
das war der Schwan und die Musik!«

* * *

Es dürfte keine Steuern geben,
kein Zahnweh, keine Schützengräben,
dann wär auf dieser Welt das Leben
vielleicht noch schöner als wie eben!

* * *

Ich kann's bis heute nicht verwinden,
deshalb erzähl ich's auch nicht gern:
den Stein der Weisen wollt ich finden
und fand nicht mal des Pudels Kern.

* * *

Man gab uns mancherlei auf Erden:
Zum Denken gab man uns die Stirn,
man gab uns Herz- und Leibbeschwerden,
doch auch den Himmel und den Zwirn.

* * *

Sie dienten mir gerne bei jedem Gedicht,
die Substantive und Verben,
doch heute gehorchen sie mir leider nicht —
ich möchte am liebsten sterben.

Mal trumpft man auf, mal hält man stille,
mal muß man kalt sein wie ein Lurch,
des Menschen Leben gleicht der Brille:
man macht viel durch!

Zellen

Das Leben kommt auf alle Fälle
aus einer Zelle.
Doch manchmal endet's auch — bei Strolchen! —
in einer solchen.

Die Nase

Wenngleich die Nas, ob spitz, ob platt,
zwei Flügel — Nasenflügel — hat,
so hält sie doch nicht viel vom *Fliegen*;
das *Laufen* scheint ihr mehr zu liegen.

Die Augen

Die Augen sind nicht nur zum Sehen,
sind auch zum *Singen* eingericht' —
wie soll man es denn sonst verstehen,
wenn man von Augen*liedern* spricht?

In Eile

Kaum warst du Kind, schon bist du alt.
Du stirbst — und man vergißt dich bald.
Da hilft kein Beten und kein Lästern:
Was heute ist, ist morgen gestern.

Man nehme

Seit frühster Kindheit, wo man froh lacht,
verfolgt mich dieser Ausspruch magisch:
Man nehme ernst nur das, was froh macht,
das Ernste aber niemals tragisch!

Das wäre schön

Ich glaube, manche junge Frau,
die würd vor Glück zerspringen,
würd ihr der Klapperstorch zum Kind
auch gleich den Vater bringen.

Der kalte Wind

Es wohnt ein Wind in Leningrad,
der pustet kalt,
wer da nicht einen Mantel hat,
der hustet bald.

Die Modistin

Sie zeigt das Neuste der Saison ...
Da plötzlich stolpert sie beim Schreiten,
und lächelnd spricht sie: »O pardon,
ich habe *Absatz*schwierigkeiten!«

Bier-Fragment

War ich, wo's Bier zu trinken gab,
stell ich die Frage unterwegs mir:
Wenn ich beim Bier geschäkert hab,
bin ich dann wohl ein Schäksbier?

Zu wenig

Ich kenne keine Beine,
die schöner wärn als deine,
deshalb bedaure ich es fast,
daß du nur zweie hast ...

Zum Abschied

Versuche tunlichst zu vermeiden, jeden
mit klugem Wortschwall zu benetzen;
denn plötzlich stirbst du und vermagst die Reden,
die du gehalten, nicht mehr in Taten umzusetzen ...

An einen von vielen

Als du noch warst, wollt man nichts geben.
Kaum warst du tot, ließ man dich leben!
So ist's! — Den höchsten Ruhm erworben
hat man erst dann, ist man gestorben.

Sterne

Liebe Sonne

Nach so vielen Regenwochen
kamst du endlich vorgekrochen,
froh sind Menschen, Tier und Gras!

Schein auf unsre Mutter Erde,
daß sie wieder trocken werde,
liebe Sonne, tue das!

Trockne sie und unsre Tränen
und den Kuckuck, der ganz naß!
Schick uns nach den langen Qualen
deines Fehlens alle Strahlen —
und besonders diese netten,
diese ultravioletten!

Liebe Sonne, schein uns was!

Warum der Saturn einen Ring hat

Unter all den Sterngebilden,
die in himmlischen Gefilden —
nachts kann man es deutlich sehen —
sich um uns und mit uns drehen,
unter diesen Sternen allen
wollt es dem Saturn gefallen,
daß er falsche Kreise zog
und ganz eigne Wege flog!

Als der liebe Gott das sah,
sagte er: »Was seh ich da?
Der kreist ja auf andre Weise?!
Na, sein Kreisen zieht noch Kreise!«
Und er rief mit Donnertösen
dem Saturn zu, diesem bösen:
»Sieh hier meine Zornesfalte!!!
Daß im Aug ich dich behalte,
wirst du, gleich und unbedingt,
für die Ewigkeit *beringt*!« —

Jahrelang zankten sich Leute
drüber, was der Ring bedeute —
heute, durch mein Opus endlich,
wird die Einrichtung verständlich!

Der rötliche Mars und die Venus

Früher zogen Mars und Venus —
wann es war, kann man nur ahnen —
eng beinander und in Liebe
ihre vorgeschriebnen Bahnen.

Plötzlich kam ein fremder Körper,
der sich zwischen beide zwängte
und den Mars von seiner Venus —
oder umgekehrt — verdrängte.

Dieser Fremdling war die Erde!
Und sie machte sich noch breiter,
und der Mars entschwand der Venus
immer weiter, immer weiter.

Und die Sehnsucht nach der Freundin
hat den Mars schon fast getötet;
doch – erblickt er sie von ferne,
sehn wir, wie er zart errötet...

Der ferne Merkur

Du wandelst...
Und handelst?
Falsch oder weise?
Und wie sind deine Preise?
Wer sind deine Kunden?
Wiegst ab du in Pfunden?
Oder gelten auf deiner Straße
andere Maße?

Ach, wüßte man's nur,
lieber Merkur!

Wie ist deine Währung?
Besitzt du auch eine Merkurische Nehrung?
Oder hat man sie dir genommen,
weil sie ein anderer bekommen?

Ach, man wüßte so vieles gern
von dir als Stern!
So ganz intern!
Doch du bist zu fern ———

Mond über der Stadt

Ich hänge am Himmel und scheine ———
Was soll ich auch anderes machen? ...

Die Stadt ist zu schnell,
zu laut und zu grell ———
Neulich hielt mich eine ältere Dame
für Lichtreklame!

Wär's nicht so traurig, es wäre zum Lachen ...

Manchmal schießt man nach mir; doch die meisten
der weitgereisten
Raketen gehen daneben
und lassen mich leben.
Eben
kam wieder so eine ———

Kein Pärchen mehr, das sich in meinem Lichte umschlingt...
Kein Dichter mehr — außer diesem hier — der mich besingt...
Ich frage mich, was ich hier oben eigentlich soll!
Man nimmt, auch als Vollmond, mich nicht mehr für voll.

Wem soll ich noch leuchten? Wen soll ich bewachen?

Ich hänge am Himmel und scheine —
gar keinen besonderen Eindruck zu machen ...

Himmlischer Käse

Der Mond hing neulich oben
wie'n Camembert,
genauso gelb und schimmlig
und rund wie der.
Doch wie ich heute hinguck,
seh ich, o Schreck,
da ist er gar nicht rund mehr,
ein Stück ist weg.
Es haben sicher Englein
an ihm genascht!
Daß so was Englein dürfen,
das überrascht.

Ode an den Neumond

Scheine wieder, liebe Scheibe!
Bleibe
das, was wir von dir gewohnt:
Mond!

Wir, die wir dich sehen möchten,
fragen
uns seit Tagen
— oder besser noch — seit Nächten:
»Fürchtest du dich etwa vor den vielen
Projektilen,
die man auf dich unverdrossen
abgeschossen?«

Schön, man traf dich! – Doch wir hoffen,
Mond, du fühlst dich nicht getroffen!

Scheine wieder, liebe Scheibe!
Bleibe!

Wolken

Die Wolken, die vorm Monde ziehn,
verdunkeln ihn,
und auch die Sonne unsrer Breiten
hat mit den Wolken Schwierigkeiten.

Wie soll der *Mensch* nun auf der bösen
Welt kämpfen und Probleme lösen
mit seinem kleinen dummen Hirn,
wenn selbst das göttliche Gestirn,
die *Sonne*, täglich resigniert
und ihren Kampf
verliert
gegen ein bißchen Wasserdampf ... ? !

Besinnliches

In eigner Sache

Ich häng oft den Gedanken nach,
die teilweis stürmisch, teils gemach
die Gänge meines Hirns erfüllen.
Doch denken kann ich nur im stillen.

Im Wald zum Beispiel! Zwischen Bäumen,
dort kann ich dichten, kann ich träumen.
In Gegenwart von Baum und Tier,
da kommen die Gedanken mir.

Allein, inmitten jener Wesen,
die schreiben können und auch lesen,
die lieben könnten, doch nur hassen,
fällt mir nichts ein, da muß ich passen!

Das Konzert

Frau Fauna und Frau Flora
spieln am Pianoforte
vierhändig und nach Noten
»Lieder ohne Worte«.

Frau Fauna hat die Melodie.
Frau Flora rankt sich drumherum.
Der Mensch hört zu und applaudiert.
Und Gott blättert die Seiten um.

Die Lore

Die Lore fuhr ums Morgenrot
hinab zu ihrer Sohle.
Nach kurzer Zeit kam sie zurück
bis obenhin mit Kohle.

Und gleich drauf fuhr sie wieder los
und holte neue Ware.
Das machte sie tagein, tagaus
und nachts und viele Jahre ———

Nun ruht sie aus, nach vorn gekippt;
zu Ende ist die Reise.
Fragt nicht nach Dank, nicht nach Gewinn,
sie rostet langsam vor sich hin
auf einem toten Gleise ...

Schicksal

Er war ein großer General
und außerdem einsachtzig,
und kam's zum Kampf, und er befahl,
dann wendete die Schlacht sich.

Er stürmte immer vorneweg,
selbst gegen schwerste Panzer,
und oft lag er im selben Dreck
wie nebenan der Landser.

Er hat in Afrika geschwitzt,
in Norwegen gefroren.
Er hat dem Feind den Sieg stibitzt,
den Krieg jedoch verloren. —

Er war ein großer General!
Sein Ruhm ging in die Binsen;
man kennt ihn heute nicht einmal
dort, wo er wohnt: in Winsen.

Schüchternheit

Als Kind — zu meiner Eltern Leid —
litt ich an großer Schüchternheit.
Als Gymnasiast dann — farbumbändert —
hatte sich darin nichts geändert.
Auch nach dem ersten Kuß — mit Ellen —
war keine Beßrung festzustellen.
Im Alter erst — beim Kampf ums Leben —
hat sich die Schüchternheit gegeben!

Doch weiß ich: tritt der Tod herein
und spricht zu mir: »Komm mit, mein Sohn!«
und führt mich vor des Höchsten Thron,
werd ich wieder ganz schüchtern sein ———

Es ist nicht alles Gold, was glänzt

Oft glänzt der Himmel strahlendblau,
und oft glänzt eine Hose,
oft glänzt die Nase einer Frau
vor dem Gebrauch der Puderdose.
Durch Abwesenheit glänzt das Glück!

Durchs Bohnern glänzt die Diele —
man rutscht drauf aus und bricht's Genick!
(Zu großer Glanz ist nichts für viele!)

Langes Wochenende

Nicht alle, aber viele streben
danach, nach Gottes Wort zu leben.

Man geht zur Kirche, liest die Bibel
und weiß dadurch, was gut, was übel,
und ist bemüht von ganzem Herzen,
die Sünde restlos auszumerzen.

Doch *ein* Gebot, trotz Buß und Beten,
hat man schon öfter übertreten,
und dies Gebot, das man verletzt,
heißt so — von Luther übersetzt —:

»Sechs Tage lang sollst du was tun,
am siebten aber sollst du ruhn!«,
doch nie und nirgends wird gesprochen
von unseren *Fünf*-Tage-Wochen! —

Ob dadurch nun, mein lieber Christ,
das lange Weekend *Sünde* ist?

Es scheint so

Es scheint so, daß auf dem Planeten,
den wir so gern mit Füßen treten
und ihn dadurch total verderben —
daß also hier nur *Gute* sterben!

Denn: las man je im Inserat,
daß ein Verblichner *Böses* tat,
daß er voll Neid war und verdorben,
und daß er nun mit Recht gestorben?

Es kann hier keinen Zweifel geben:
die Schlechten bleiben alle leben!

Ein Trauertag

Hunderttausend Menschen strömen
auf die Friedhöfe der Städte.
Die Gedanken gehn nach unten
und nach oben die Gebete.

Vater Staat hat uns befohlen,
heut der Toten zu gedenken —
ihnen Kränze oder Blumen
oder Tränen gar zu schenken!

Vater Staat mischt sich in alles,
selbst in die intimsten Dinge —
als ob der, der wirklich trauert,
nicht auch so zum Friedhof ginge ...

Schule

Die Schule ist, das weiß man ja,
in erster Linie dazu da,
den Guten wie den Bösewichtern
den Lehrstoff quasi einzutrichtern;
allein — so ist's nun mal hienieden:
die Geistesgaben sind verschieden.

Mit Löffeln, ja, sogar mit Gabeln
frißt *Kai* die englischen Vokabeln;
Karl-Heinz hat aber erst nach Stunden
die Wurzel aus der Vier gefunden.

Und doch! *Karl-Heinz*, als dumm verschrien,
wird Chef — und man bewundert ihn,
und *Kai*, in Uniform gezwängt,
steht an der Drehtür und empfängt
und braucht in Englisch höchstens dies:
»Good morning, Sir!« und manchmal: »Please!«

Hieraus ersieht der Dümmste klar,
daß der, der »dümmer«, klüger war!

In der Schule drüben

»Sagt mir, ihr lieben Jungs, geschwind,
wer wohl die beiden Großen sind,
die denen, die reich und bezopft,
erfolgreich auf den Busch geklopft?
Die man seit vorigem Jahrhundert
studiert, versteht, liebt und bewundert?
Die wir durch Wort und Bilder kennen?
Wie mögen sich die beiden nennen?!«

? ? ? ? ———— ? ? ? ?

»Ihr wißt es nicht, ihr dummen Bengels?
Die Beiden heißen MARX und ————?!?«
Da meldete sich Hänschen Klein:
»Das könn'n nur *Marx und Moritz* sein!?!«

Feste

Der Karpfen kocht, der Truthahn brät,
man sitzt im engsten Kreise
und singt vereint den ersten Vers
manch wohlvertrauter Weise.
Zum Beispiel »O, du fröhliche«,
vom »Baum mit grünen Blättern« —
und aus so manchem Augenpaar
sieht man die Träne klettern.
Die Traurigkeit am Weihnachtsbaum
ist völlig unverständlich:
Man sollte lachen, fröhlich sein,
denn ER erschien doch endlich!

Zu *Ostern* — da wird jubiliert,
manch buntes Ei erworben!
Da lacht man gern — dabei ist ER
erst vorgestern gestorben ...

Der Wahlredner

Wenn er das Rednerpult betritt
mit kühner Stirn und weitem Schritt,
zieht er zunächst gekonnt kokett
das Manuskript aus dem Jackett
und fängt gleich an, draus vorzulesen,
was ist, was wird und was gewesen.

Doch langsam wird der Redner kleiner,
denn er entdeckt — und nicht erst heute:
vor ihm sitzen zwar viele Leute,
doch hinter ihm — steht keiner ...

Kreuz und quer

Es sprach der junge Rittersmann:
»Was fang ich bloß zu Hause an?
Knapp, packe Sack und Kisten!
Wir ziehen an das Kriegsgewand
und ziehen aus ins Morgenland
im Namen aller Christen!«

Gesagt, getan! Sowohl der Knapp
als auch der Ritter reisten ab.
Sie reisten und sie reisten!
Sie trafen Regen, Sturm und Blitz;
jedoch im Morgenland die Hitz,
die störte sie am meisten!

Sie trugen stolz der Rüstung Zier
und auch den Helm mit dem Visier,
obwohl sie transpirierten.
Und stand die Sonne im Zenit,
dann sangen sie ein frommes Lied –
das half, wenn sie marschierten!

Sie schlugen trotz der Übermacht
des Feindes ihn in einer Nacht
mit Mann und Roß und Wagen!
Es starb so mancher Heidenhund
im heißen Wüstensand aufgrund
der Kirche sozusagen.

Nach siebzehn Monden zogen dann
der Knappe und der Rittersmann
mit Sack und Pack und Kisten
heim ins gelobte Abendland
und zogen aus das Kriegsgewand
und wurden wieder Christen!

Pressefreiheit

Donnerstag
Der Wecker weckt, wie üblich, um sieben.

Du hast dir den Schlaf aus den Augen gerieben
und gehst dich waschen, vielleicht sogar baden,
auch eine Rasur kann heute nichts schaden.
Du ziehst dich, leis trällernd, sorgfältig an
und schreitest hinunter, ganz Vater, ganz Mann!
Begrüßt deine Frau, deren Sohn, dessen Schwestern —
du kennst sie ja schließlich noch alle von gestern —
und so nehmt ihr denn Platz an dem Frühstückstisch. —

Der Kaffee ist warm, die Brötchen frisch.
Das Ei ist weich. — Du schmierst dir gerade
aufs Brötchen erst Butter, dann Marmelade,
da fällt — unter des Sehnervs bewährter Leitung —
dein Blick auf die heutige Morgenzeitung
und liest eine Schlagzeile so wie diese:

> *Ein neuer Weltkrieg droht!*
> *Es kommt eine Krise!!!*

Kaum hast du das in dich aufgenommen,
schon ist der Kaffee dir hochgekommen!
Das Brötchen bleibt dir im Halse stecken,
und das Ei will nun auch nicht mehr richtig schmecken!
Dein gütiges Vaterlächeln ist jäh erstorben —
kurzum, deine Laune ist gründlich verdorben!

So schleichst du denn, deprimiert und nicht froh,
in dein Büro.

Freitag
Der Wecker weckt, wie üblich, um sieben.

Er hat dich recht roh aus dem Bette getrieben.
Du wäschst dich nur flüchtig und nur, wo es wichtig,
und du rasierst dich auch gar nicht so richtig.

Du nimmst am Frühstückstisch Platz in Begleitung
deiner Familie und greifst *schon* nach der Zeitung!
Du überfliegst die erste Seite — und suchst
dann auf der zweiten Seite und fluchst,
weil auch auf der dritten und vierten nichts steht,
wie es mit der Krise denn weitergeht!

Endlich, auf der letzten Seite, ganz hinten,
ganz klein gedruckt und kaum noch zu finden,
liest du dann eine Notiz so wie diese:

Es kann keine Rede sein von einer Krise!
Auch sonst sind keine Gefahren vorhanden,
wir hatten die Nachricht bloß mißverstanden
und bitten die Leser, die immer geduldigen,
auch diesmal die Falschmeldung zu entschuldigen!

Nur zögernd glätten sich deine Falten — — —.
Du trinkst den Kaffee, den inzwischen kalten,
dann nimmst du den Löffel und schlägst deinem Ei
fast zärtlich die kalkige Schale entzwei.
Dann greifst du zum Brötchen und schließlich zur Butter —
dasselbe tuen die Kinder, die Mutter —
und allmählich zieht im trauten Verein
nun auch der *innere* Frieden ein.

Die Familie ist glücklich. Du bist es wie sie —
bis morgen früh (?) ...

Abendlied

Die Nacht bedeckt die Dächer,
und in dem Aschenbecher
verlöscht die Zigarette.

Es ruhn fast alle Räder.
Der Tag verging wie jeder,
als Glied in einer Kette.

Ich höre Eulen singen
und sehne mich nach Dingen,
die ich so gerne hätte.

Und von dem vielen Sehnen
bekomme ich das Gähnen — — —
gut Nacht, ich geh zu Bette.

Nächstenliebe

Die Nächstenliebe leugnet keiner,
doch ist sie oft nur leerer Wahn,
das merkst am besten du in einer
stark überfüllten Straßenbahn.
Du wirst geschoben und mußt schieben,
der Strom der Menge reißt dich mit.
Wie kannst du da den Nächsten lieben,
wenn er dir auf die Füße tritt?!

Depressionen

Vorvorgestern war ich fröhlich,
vorgestern hat sich's gegeben,
gestern schlug ich Purzelbäume,
heute will ich nicht mehr leben.

Solch ein Zustand ist entsetzlich,
mich und meine Umwelt quäl ich;
doch er dauert nicht sehr lange:
morgen bin ich wieder fröhlich!

Ein Weihnachtslied

Es ist Weihnachten geworden.
Kalter Wind bläst aus dem Norden
und hat Eis und Schnee gebracht.

Doch am Weihnachtsbaum die Kerzen,
die erwärmen unsre Herzen,
und des Kindes Auge lacht.

Und man sieht auf den verschneiten
Straßen weiße Engel schreiten
durch die stille, heil'ge Nacht.

Harte Schicksale

Wer sich mal in die Nesseln setzt,
ist erst erschrocken, dann verletzt,
erhebt sich mühevoll und schreit
nach beßrer Sitzgelegenheit.

Den Nesseln, auch wenn sie schön blühn,
sind weiche Stühle vorzuziehn.
Auf Weichem sitzt man stets apart ...

Nicht weich zu sitzen, das ist hart!

Großmamas Lied

Ich sitze da und stricke Strumpf. —
Und unterm Hause ist ein Sumpf.
Drum steht das Haus nach vorn geneigt,
so wie ein Geiger, wenn er geigt.
Ich seh Musik ganz in der Ferne
und höre über mir die Sterne,
das klingt in meinem Kopf so dumpf.
Ich sitze da und stricke Strumpf. —

An einen Pessimisten

Jede Sorge, Freund, vermeide,
jedes Weh sollst du verachten.
Sieh die Lämmer auf der Weide:
sie sind fröhlich *vor* dem Schlachten.
Ahnst du nicht, wie dumm es wär,
wären sie's erst hinterher?

Perpetuum mobile

Und der Herbststurm treibt die Blätter,
die ganz welk sind, vor sich her,
und es ist so schlechtes Wetter — — —
ach, wenn's doch schon Winter wär!
Und es fallen weiße Flocken,
zwanzig Grad sind es und mehr,
und man friert in seinen Socken — — —
ach, wenn's doch schon Frühling wär!
Und der Schnee schmilzt auf den Gassen,
und der Frühling kommt vom Meer,
einsam ist man und verlassen — — —
ach, wenn's doch schon Sommer wär!
Und dann wird es schließlich Juli,
und die Arbeit fällt so schwer,
denn man transpiriert wie'n Kuli — — —
ach, wenn es doch Herbst schon wär!
usw. usw.

Ein Nachruf

Du warst ein Musiker und Dichter,
ein Maler und Kaninchenzüchter;
doch trotzdem war's dir nicht gegeben,
den eignen Tod zu überleben. —

Wir wollen nur das eine hoffen:
du hast es oben gut getroffen!

Pappis Wiegenlied

Schlafe ein, mein Schätzchen,
und träum von einem Kätzchen,
von Püppchen, bunten Steinchen,
schlafe ein, schlaf, Kleinchen!
Schlafe ein, mein Bübchen,
ein Engel geht durchs Stübchen
ganz leis auf nackten Beinchen,
schlafe ein, schlaf, Kleinchen!
Während nun der gute Mond am Himmel lacht,
sitzt dein Pappi hier am Bettchen und bewacht
dich, mein holdes Schätzchen.
Es schlafen schon die Kätzchen,
die Püppchen und die Steinchen,
schlafe ein, schlaf einchen!

Sehnsucht

Ich sehne mich nach einem Häuschen
in Bayern oder an der Spree,
ein Zimmer braucht es nur zu haben,
dazu ein Bad und ein W. C.
Im Zimmer würde ich notieren,
was ich beim Baden grad gedichtet,
und im W. C. würd dann das Machwerk
von mir gleich hinterrücks vernichtet.

Gedanken an der Ostsee

Wie wär die Welt so wunderbar,
umspült vom blauen Meere,
wenn diese Welt, wie's einstmals war,
ganz ohne Menschen wäre.
Dann gäb's kein Hoffen, kein Verzicht,
kein Hassen und kein Morden,
dann wär bestimmt auch dies Gedicht
nicht hingeschrieben worden.

Drei Bilder

Zwei Bilder hängen, ach, an meiner Wand.
Das eine ist als »Eremit« bekannt,
das andere hingegen
zeigt eine Landschaft nach dem Regen.
Das dritte Bild ist nicht zu sehn,
doch trotzdem ist es wunderschön,
nie würd ich den Verlust verschmerzen:
Das dritte Bild trag ich im Herzen!

Der Pflasterstein

Es liegt ein grauer Pflasterstein
auf der Chaussee, doch nicht allein;
denn wenn allein er läge,
dann läge er im Wege;
doch so, inmitten anderer,
erfreut er alle Wanderer.
Anstatt ihn dankbar nun zu grüßen,
tritt man mit Füßen ihn, mit Füßen . . . !

Weihnachten 1944
(Als ich keinen Urlaub bekam)

Wenn es in der Welt dezembert
und der Mond wie ein Kamembert
gelblich rund, mit etwas Schimmel
angetan, am Winterhimmel
heimwärts zu den Seinen irrt
und der Tag stets kürzer wird —
sozusagen wird zum Kurztag —
hat das Christkindlein Geburtstag!
Ach, wie ist man dann vergnügt,
wenn man einen Urlaub kriegt.
Andrerseits, wie ist man traurig,
wenn es heißt: »Nein, da bedaur ich!«
Also greift man dann entweder
zu dem Blei oder der Feder
und schreibt schleunigst auf Papier
ein Gedicht, wie dieses hier:

Die Berge, die Meere, den Geist und das Leben
hat Gott zum Geschenk uns gemacht;
doch uns auch den Frieden, den Frieden zu geben,
das hat er nicht fertiggebracht!
Wir tasten und irren, vergehen und werden,
wir kämpfen mal so und mal so ...
Vielleicht gibt's doch richtigen Frieden auf Erden?
Vielleicht grade jetzt? — — Aber wo? ...

? ? ?

Warum heißt bloß das Eichhorn »Eichhorn«?
Denn weder hinten, geschweige vorn
hat es ein Horn oder dergleichen,
auch sieht man es nicht nur auf Eichen.
Ein Wort erscheint und tritt in Kraft,
sein Sinn jedoch bleibt schleierhaft.

So läßt mich noch etwas nicht ruhn:
Was hat der Mensch mit »Mensch« zu tun?

Das Schloß

Papst Paul war gestorben vor vierhundert Jahren
und ist dann, wie üblich, gen Himmel gefahren.
Und als er dort oben gut angekommen,
da hat er den güldenen Schlüssel genommen.
(Es ist ja bekannt, daß früher und itzt
jeder Papst einen Schlüssel zum Himmel besitzt.)

Doch siehe, der Schlüssel, der wollte nicht passen.
Der Petrus hat trotzdem ihn eintreten lassen
und sprach (sein Antlitz war bartumrändert):
»Der Luther hat nämlich das Schloß verändert ...!«

Hirngespinst

Eine runde weiche Sache
ist das Hirn bei Frau und Mann,
und es ist nicht auszudenken,
was man damit denken kann.
Aber leider kennen viele
nicht den Wert dieser Substanz:
Hilflos gehen sie durchs Leben
wie 'ne Katze ohne Schwanz.

Das Große Los

Wie man's auch dreht, wie man's auch nimmt,
das Los ist uns vorausbestimmt.

Wir wissen nicht, was kommt, was geht,
wie man's auch nimmt, wie man's auch dreht.

Wie man's auch dreht und nimmt und zieht,
wir wissen nicht, was uns noch blüht.

Das Große Los blüht uns nicht oft,
wie man's auch dreht, nimmt, zieht und hofft.

Wahrheit

Die schlechtesten Bücher sind es nicht,
an denen Würmer nagen,
die schlechtesten Nasen sind es nicht,
die eine Brille tragen.
Die schlechtesten Menschen sind es nicht,
die dir die Wahrheit sagen.

Mein Freund

Er war als Kind oft krank gewesen,
mein Freund, des Grafen Bamm sein Sohn.
Kaum war er von dem Mumps genesen,
bumps, hatte er die Masern schon.
Dann Scharlach, Diphtherie und Pocken,
mal brach er Speise, mal das Bein,
und ging er ohne Schuh und Socken,
so stellte sich gleich Grippe ein.

Die Viren lagen ständig auf der Lauer!
Mein Freund verlor gewaltig an Gewicht.
Er wurde langsam aber sicher sauer
und starb. — Wer tät das nicht? ...

Birnen

Birnen sind die schönsten Früchte,
die ein Denkerhirn erfunden;
denn mit ihrem weißen Lichte
schenken sie uns Tagesstunden
wieder, die wir sonst versäumen —
doch sie stören uns beim Träumen.
Deshalb Schluß, wir drehn am Schalter!

Und die Sonne seines Lebens
sucht der arme graue Falter
in der Finsternis vergebens ...

Schal und Rauch

Und der Rauch der Zigarette
kräuselt sich und steigt zur Decke,
und da oben wird er breiter.

Und nun sieht er deinem blauen
Schal so ähnlich, dem ich zürnte,
weil er *das* tat, was du ständig
mir verbotest, nämlich dieses:
dich ganz zärtlich zu umhalsen.

Doch nun ist der Rauch verflogen.
Nichts erinnert an den Schal mehr,
höchstens der Geschmack im Munde,
den ich habe, weil er schal ist.

Bilanz

Wir hatten manchen Weg zurückgelegt,
wir beide, Hand in Hand.
Wir schufteten und schufen unentwegt
und bauten nie auf Sand.
Wir meisterten sofort, was uns erregt,
mit Herz und mit Verstand.
Wenn man sich das so richtig überlegt,
dann war das allerhand.

Flecke

Gott, voller Weisheit, hehr und mild,
schuf uns nach seinem Ebenbild.
Gewiß, wir Menschen sind gescheit,
doch wo ist unsre *Menschlichkeit?*
Erscheint uns jemand edel, groß,
so täuscht das: er verstellt sich bloß!
Erst wenn er Böses tut und spricht,
zeigt er sein wahres Angesicht! —

Um obiges nun zu beweisen,
laßt alphabetisch uns verreisen,
dann kann man sehn, was so geschah!
Wir fangen vorne an, bei A ! ! !

A (Amerika)

Amerika, du Land der Super-
lative und dort, wo James Cooper
zwar seinen »Lederstrumpf« verfaßte,
man aber die Indianer haßte,
weshalb man sie, halb ausgerottet,
in Reservaten eingemottet,
sich dafür aber Schwarze kaufte,
sie schlug und zur Belohnung taufte,
doch heute meidet wie die Pest,
sie aber für sich sterben läßt —
wie beispielgebend stehst du da
für *Menschlichkeit!* O USA!

B (Briten)

Jedoch auch sie, die vielen Briten,
die Schott- und Engländer, sie bieten
für unser Thema *Menschlichkeit*
so manchen Stoff seit alter Zeit!
Nur waren's statt Indianer Inder,
die sie ermordeten, auch Kinder;
und ähnlich Schreckliches erfuhren
danach die Iren und die Buren,
die man durch den Entzug des Fetts
verschmachten ließ in den Kazetts!
Jedoch bei Völkern, welche *siegen*,
wird sowas immer totgeschwiegen ...

C (Christen)

Dann wäre da, bar jeden Ruhms,
so manche Tat des Christentums,
die, eben wegen seiner Lehre,
am besten unterblieben wäre!
Man denke da zum Beispiel an
Inquisition zuerst und dann
an Waffensegnung mit Gebeten,
um andre Gläubige zu töten!
Auch dieses: lieber Menschenmassen
verelenden und hungern lassen,
statt man Geburtenreglung übe —
auch das zeugt nicht von *Menschenliebe!*

D (Deutschland)

Nun: Wollt ihr, daß im Alphabet
es mit dem D jetzt weitergeht?
Ist es nicht besser, wenn ich ende?
Wascht nur in Unschuld eure Hände
und greift, kraft eigenen Ermessens,
zum güt'gen Handtuch des Vergessens ...

Doch hilft das Waschen nicht und Reiben:
Die Flecke bleiben!

Die Attraktion

Altneusandsteinberg ist ein Nest,
das man sonst gern links liegen läßt;
doch sind *Begräbnisse* hier — seit's
die neue Glocke gibt — von Reiz!
Denn durch das *individuelle*
Geläut vom Turme der Kapelle
weiß sie die Besten und die Bös'ten
zu läutern, strafen oder trösten
und durch ihr löbliches Bestreben
den Friedhof quasi zu *beleben*.

Starb, wer nichts war als alt und krumm,
dann macht die Glocke einfach bum.
Doch war der Tote gläubig, fromm,
dann macht sie jubelnd bim-bam-bom!
War der Verblichene ein Schlimmer,
hört man von ihr nur ein Gewimmer.
Doch starb ein Kind und flog gen Himmel,
dann macht sie bummel-bammel-bimmel,
bummel-bammel-bimmel!

Altneusandsteinberg ist ein Nest,
wo man sich gern begraben läßt ...

Fünfzig Pfund
Eine alt-englische Moritat

»Nein, nicht aus Gold ist dieses Ding ...
Ihn schenkte einst ein Zaubrer mir ...
Nur Unglück brachte stets der Ring,
doch *einen* Wunsch erfüllt er dir!
Zieh ihn vom Finger, wenn ich sterbe,
und hüte sorgfältig das Erbe ...«

So sprach der Inder und verstarb. —
Aus Indien kam Mister Lone
nun endlich wieder nach New-Sharp
zu seiner Frau und seinem Sohn. —
Das Geld war knapp, die Armut stieg ...
Der Sohn ging täglich zur Fabrik ... —

»Sieh, Frau, dir diesen Ring mal an,
doch schweige, bitte, sag kein Wort,
denn hast du einen Wunsch getan —
den Wunsch erfüllt er dir sofort!«
Und schon entfuhr es ihrem Mund:
»Ach, hätten wir doch fünfzig Pfund!«

Zu spät! — Der Blick des Mannes ging
verzweifelt und entsetzt zu ihr:
»Nur *Unglück* bringt der böse Ring,
so sprach der Inder doch zu mir!«
»Ach, lieber Mann, denk nicht an den —
von fünfzig Pfund ist nichts zu sehn ... !«

»Ja, du hast recht!« — Der Abend kam,
doch nicht der Sohn. — Beim Abendbrot
erschien sein Chef in Schwarz und nahm
den Hut ab, sprach: »Ihr Sohn ist tot ...
Ein Unglücksfall ... I'm sorry, und —
wir zahlen Ihnen fünfzig Pfund ... !«

Auge um Auge

Stundenlanger Regen nieselt,
und es schmerzt schon das Gesäß,
und die Luft ist eingedieselt
durch die vielen LKWs.

Immer weiter! Keine Liebe
kennt man auf der Autobahn!
Wütend beißt sich das Getriebe
und der Mensch durch — Zahn um Zahn ...

Anhänglichkeit

Das Kind hängt an der Mutter,
der Bauer an dem Land,
der Protestant an Luther,
das Ölbild an der Wand.
Der Weinberg hängt voll Reben,
der Hund an Herrchens Blick,
der eine hängt am Leben,
der andere am Strick ...

Das glückliche Leben

Nein, wir hatten nichts zu rauchen.
Was da rauchte, waren Trümmer.
Und dann rauchten wir Machorka,
und der Hunger wurde schlimmer. —

Doch bald wurde es dann besser.
Wieder rauchten alle Schlote.
Und wir reisten nach Mallorca
mit dem Flugzeug oder Boote.
Und die Häuser wurden größer,
und die Autos wurden länger,
und wir wurden immer fetter
und die Städte immer enger.
Geld gab's viel für wenig Arbeit.
Alles gab's im Übermaße:
Freiheit, Fernsehn, Ferienreisen —
und die Toten auf der Straße.

Die Uhrsache

Die Rathausuhr geht unentwegt,
und immer scheint sie aufgeregt,
weil — ist sie auch schon hochbetagt —
sie innerlich die *Unruh* plagt ———,
was sich auf uns dann überträgt ...

Kinder

Kinder haben es so leicht,
haben keine Sorgen,
denken nur, was mach ich *jetzt*,
nicht, was mach ich *morgen* . . . ?
Kinder haben es so schwer,
dürfen niemals mäkeln
und sich wie der Herr Papa
auf dem Sofa räkeln . . .

Kinder haben es so leicht,
dürfen immer spielen,
essen, wenn sie hungrig sind,
weinen, wenn sie fielen . . .
Kinder haben es so schwer,
müssen so viel lernen
und, wenn was im Fernsehn kommt,
sich sofort entfernen . . .

Kinder haben es so leicht,
naschen aus der Tüte,
glauben an den lieben Gott
und an dessen Güte . . .
Kinder haben es so schwer,
müssen Händchen geben —
und auf dieser blöden Welt
noch so lange leben . . .

Der Friedhofsgeiger

Immer wenn die Totenglocke
läutete im Dorf, dann griff der
Friedhofsgeiger nach der Geige,
nach dem Bogen und dem Hute.
Und wenn leis der Sarg sich senkte,
stand er geigend an dem Grabe,
und die Trauergäste weinten,
und dann gaben sie ihm reichlich.

Plötzlich und ganz unerwartet
starb der Bäckermeister Wuttke
und der Apotheker Heinrich,
und noch viele andre folgten.
Auch den Volksschullehrer Meinke
trug man feierlich zu Grabe,
dem, so wußte man, nichts fehlte
als die Liebe seiner Schüler.

Niemand aber ahnte, daß der
Bäcker und der Apotheker
und der Lehrer und die andern
keines echten Todes starben,
weil der Friedhofsgeiger ihnen
in der Wirtschaft Gift ins Essen
schüttete, das festzustellen
schwer war für den Arzt des Dorfes.

Und weil in dem kleinen Orte
sonst nur selten welche starben,
gab der Geiger Hilfestellung,
da er von den Toten lebte.
Denn wenn leis der Sarg sich senkte,
stand er geigend an dem Grabe,
und die Trauergäste weinten,
und dann gaben sie ihm reichlich.

Das Wiedersehn

Er hat sich dreimal überschlagen ...
Lang war der Sturz und kurz der Schreck ...
Im Abgrund lag der schöne Wagen,
und neben ihm lag Mister Black ...
Die starren Augen standen offen ...
Der Wagen lag auf dem Verdeck ...
Black schaute staunend und betroffen:
»Da steht doch mein Freund Taylor? — Jack!!«

»Ja, ich bin Jack! Leidest du sehr?
Wie geht's? Du kannst mir alles sagen!«
»Mein lieber Jack, wie kommst du her,
das muß ich aber wirklich fragen?!
Du fielst vor Jahren doch vom Boot
durch irgendeinen dummen Fehler,
und du ertrankst! *Du bist doch tot*!!!?«
»Du auch«, erwiderte Jack Taylor ...

Schimpfe nicht ...

Schimpfe nicht auf Sozialisten —
oder auf Nationalisten —
oder gar auf Klerikale —
und auch nicht auf Liberale!
Schimpf nicht auf die Kaisertreuen —
oder auf die Neo-Neuen — —
schimpfe nur auf jene, die's
Land regiern, als könnten sie's!

Letzte Bitte

Der Tag geht nun zur Neige
und leise kommt die Nacht.
Ich danke dir für alles,
was du für mich gemacht.

Du hast mich stets getröstet,
wenn mir was nicht geglückt,
und hast so oft aus Liebe
ein Auge zugedrückt.

Jetzt geht mein Weg zu Ende.
Und leg ich mich zur Ruh,
so falte meine Hände,
und dann nimm deine Hände:
drück beide Augen zu ...

Ganz zuletzt

O wär ich
der Kästner Erich!
Auch wäre ich gern
Christian Morgenstern!
Und hätte ich nur *einen* Satz
vom Ringelnatz!
Doch nichts davon! — Zu aller Not
hab ich auch nichts von Busch und Roth!
Drum bleib ich, wenn es mir auch schwer ward,
nur der Heinz Erhardt ...

Inhalt

6 Leitanweisung oder Gebrauchsfaden für die Benutzung des vorliegenden Buches

Klassisch-Erstklassisches

10 Zeus
12 Nero
14 Kolumbus
14 Zwei Schulaufsätze
  Glocken
  Goethe und die Fliege
16 Das Pechmariechen
17 Das Unwetter
18 Archimedes
18 Die Entstehung der Glocke von Schiller oder Warum Schillers Glocke keinen Klöppel hat
21 Der Tauchenichts
22 Das Weidenrößlein
23 Der König Erl
23 An dich
24 Die Polizei im Wandel der Zeiten
27 Mona Lisa und die Maler
28 Der Muselmann
28 Der Fischer
30 Vom Alten Fritz
32 Ein mytho-unlogisches Gespräch

Tierisch-Satirisches

37 Den Unverstandenen
37 Der Hirschkäfer
38 Tatü, tatü
40 Das Kälbchen
40 Stiche
41 Die polyglotte Katze
43 Nee, das geht nicht
43 Der Maus
44 Ferien auf dem Lande
44 Die Schnecke
45 Artverwandt
47 Der Schatz
47 Wirklich unerhört
48 Die Gazelle
49 Sabinchen
49 Brauchtum
50 Das Lama
50 s' kommt ein Vogerl geflogen
52 Die Untermieterin
52 Der zweifelhafte Storch
54 Rechtschreibung
54 Der Pv
55 Drei Raupen
56 Gedanken beim Anblick deiner Krokotasche
56 Tirili, piit-piit
58 Ein Brief
60 Der Spatz
60 An die Bienen
61 Singe, wem Gesang gegeben
61 Ein Traum
62 Die Kuh
62 Die Fliege
64 Der Schmetterling
64 Blasphemie
66 Der Regenwurm
66 Der Brummer
66 Die Q
67 Der Kabeljau
68 Ein Kinderlied
68 Die Libelle
69 Dichter und Bauer
70 Humanistisches Frühlingslied
70 Das Fischchen

71 Löwenzahn
71 Die Weihnachtsgans
72 Drei Bären
72 Hund und Herrchen
74 Gänseblümchen
74 Die Tauben und Beethoven
76 Die Schlange
76 Heißer Mai
78 Weidende Seekuh
78 Auf den Tod meines Hundes
80 Der verstimmte Elefant
80 Die Katze
82 Die Made
83 Eßt mehr Fisch
83 Knabe mit erkältetem Käfer
84 Die Eule
84 Bel Ami
86 Lieder der Wüste
87 Kleiner Vogel
89 Der Stier
89 Vogel und Baum
89 Das Finkennest
90 Der große weiße Vogel
90 Ein Volkslied
91 Etwas über den Kuckuck
91 Der Spatz
92 Fische
94 Die Kellermaus
94 Ein Zyklus

Märchen

96 Das Märchen vom Meerchen und dem Käfer
96 Die kleinen Elefanten
98 Das Eingemachte der Witwe Lehmann
100 Der alte Wolf

Theater, Oper, Konzert, Film und Fernsehen

104 Was es nicht alles gibt
104 Hallo, Schwan!
106 Der Mohr von Venedig
109 Hanneles Siegesfahrt
109 Beckmesser
110 Querschnitt durch Verdi
111 Mary und Lisa
114 Tannhäuser
120 Hero und Leander
124 Das hat sie nun davon
130 Moderne Sinfonie
130 Der Geiger
131 Die Tänzerin
131 Die Sängerin
132 Ein Männergesangverein
135 Ein Pianist spielt Liszt
136 Beethovens Totenmaske
136 Der Bach
138 Der Schauspieler
138 Der Apfelschuß
140 Neues von Wilhelm Tell
141 Theater, Film, Fernsehen
144 Der keusche Josef oder der Heftling
146 Bell- und Puccini
147 Zwei Interviews fürs Fernsehen
151 Versuch einer Conférence
154 An einen Kollegen

Schwänke aus heiterem Himmel

156 Zu Beginn
156 Wieso ich Dichter wurde
157 Die Pointe
157 Ampeln
159 Der Stein
159 Die Mauritius
160 Kennst du den Ort?
161 Der General und sein Hemd
162 Bäume im Wald
162 Das Echo

162 Düsenlärm
163 Der Mathematiker
163 Am Kamin
164 Danach
164 Die Turmuhr
166 Der Strohhut
166 Oben ohne
167 Eine Beobachtung
167 Milch
168 Schöne Aussichten
168 Was wär ...
170 Chor der Müllabfuhr
170 Von A bis E
170 Gerüchte um Gerichte
170 Meine Geburt
172 An meine Brille
172 Die Eltern
175 Früheste Kindheit
177 Wie ich wurde
178 Die Schulzeit
180 Einladungen
183 Die Mitte
183 Wie ich zur Marine kam
186 Die Gardinenpredigt
188 Dünne Luft
188 Das Steckenpferd
190 Drei Balladen
192 Zur Pause
193 Das Fenster
194 Bei Opa
194 Der Berg
195 Zweifel
195 Erkenntnis
197 Gedanken an Samstagabend
197 An Rolf
198 Der Frühling
198 Eine Rede über die Rede
201 Der Einsame
201 Ballade aus Estland
202 Das Blümchen
204 Der Vielaß

204 Fußball
205 Überlistet
205 Ein Ostergedicht
206 Eine verfahrene Geschichte
207 An einen Nichtschwimmer
207 Ausgefallenes
207 Rezept
209 Berichtigung
209 Witzbolde
210 Warum die Zitronen sauer wurden
212 Der Einbruch
212 Trinklied
214 Spätlese
216 Dichter mit Leihpegasus
216 Legitim
218 Viele Verse ...
218 Die Kunst des Trinkens
220 Fast eine Fastenkur
221 Zum 25. August 1967
221 Fräulein Mabel
222 Frau Wirtin
222 Schüttelreime
223 Urlaub im Urwald

Geschichten um Ritter Fips von Fipsenstein

226 Ritter Fips und seine erste Rüstung
226 Ritter Fips und das Hirn
228 Ritter Fips als Kind
228 Ritter Fips und das Geigenspiel
230 Ritter Fips und die Schule
230 Ritter Fips und das Küchenpersonal
232 Ritter Fips und des Nachbarn Bier
234 Ritter Fips und die Diät
235 Ritter Fips als Held
236 Ritter Fips und das Zahnweh

238 Ritter Fips und das Echo
238 Ritter Fips und die Jungfrau
240 Ritter Fips und das Burgverlies
242 Ritter Fips und des Sängers Fluch(t)
244 Ritter Fips und der Magere
244 Ritter Fips und die Mandeln
245 Ritter Fips und das Wagenrennen
246 Ritter Fips und der Zweikampf
246 Ritter Fips und das Team
248 Ritter Fips und sein Sekretär I
250 Ritter Fips und sein Sekretär II
251 Ritter Fips und ein Wochenprogramm
254 Ritter Fips und der Dichter
254 Ritter Fips und seine Läuterung
256 Ritter Fips und das Blutbad
258 Ritter Fips im Winter
260 Ritter Fips und sein Ende
262 Ritter Fips und sein anderes Ende

In vier Zeilen
266 In nur vier Zeilen
266 Zu kurz
266 Wandspruch
266 Die Starlets
268 Nichts
268 Zwang
268 An einen jungen Journalisten
268 Erfreulich
270 Zu spät
270 Der Fels
270 Abendfrieden
270 Unterschied
271 Noch'n Unterschied
271 Der Snob
271 15 Vierzeiler ohne Überschrift
274 Zellen
274 Die Nase
274 Die Augen
276 In Eile
276 Man nehme
276 Das wäre schön
276 Der kalte Wind
278 Die Modistin
278 Bier-Fragment
278 Zu wenig
278 Zum Abschied
280 An einen von vielen

Sterne
282 Liebe Sonne
282 Warum der Saturn einen Ring hat
283 Der rötliche Mars und die Venus
284 Der ferne Merkur
285 Mond über der Stadt
286 Himmlischer Käse
286 Ode an den Neumond
287 Wolken

Besinnliches
290 In eigener Sache
290 Das Konzert
291 Die Lore
291 Schicksal
292 Schüchternheit
292 Es ist nicht alles Gold, was glänzt
293 Langes Wochenende

293 Es scheint so
294 Ein Trauertag
294 Schule
295 In der Schule drüben
296 Feste
296 Der Wahlredner
297 Kreuz und quer
298 Pressefreiheit
300 Abendlied
300 Nächstenliebe
301 Depressionen
301 Ein Weihnachtslied
301 Harte Schicksale
302 Großmamas Lied
302 An einen Pessimisten
304 Perpetuum mobile
304 Ein Nachruf
305 Pappis Wiegenlied
305 Sehnsucht
306 Gedanken an der Ostsee
306 Drei Bilder
307 Der Pflasterstein
307 Weihnachten 1944

308 ???
308 Das Schloß
309 Hirngespinst
309 Das Große Los
309 Wahrheit
310 Mein Freund
310 Birnen
311 Schal und Rauch
311 Bilanz
312 Flecke
314 Die Attraktion
315 Fünfzig Pfund
316 Auge um Auge
316 Anhänglichkeit
317 Das glückliche Leben
317 Die Uhrsache
318 Kinder
319 Der Friedhofsgeiger
320 Das Wiedersehn
321 Schimpfe nicht ...
321 Letzte Bitte
322 Ganz zuletzt

Alles

von

Heinrich Zille

bei

**Fackel
träger**

Fritz B. Busch

Einer hupt immer

Heitere Automobilgeschichten mit Benzin geschrieben
Mit 70 Illustrationen von Armin Schwarz, Wigg Siegl,
René Vincent und anderen
rororo Band 1084

Lieben Sie Vollgas?

Heitere Automobilgeschichten, hinter dem Steuer geschrieben. Mit 76 Illustrationen von Gerhard Widl und Siegfried Horn
rororo Band 1181

Deutschlands prominentester Autotester, der Motorexperte des ‹stern›, gibt hier seiner mit Benzin und Humor getränkten Feder Vollgas: Tips für alle Verkehrslagen und Wagenklassen, flott und witzig serviert. Ein praktisches Schmunzelbuch für alle Autofahrer und Autonarren.

roald dahl

Gesammelte Erzählungen
Sonderausgabe. Aus dem Amerikanischen von
Wolfheinrich von der Mülbe, Hans-Heinrich Wellmann und
Fritz Güttinger. 448 Seiten. Geb.

Kuschelmuschel
Vier erotische Überraschungen. Aus dem Englischen von Jürgen Abel,
Werner Gronwald und Gisela Stege. 220 Seiten. Geb.
und rororo 4200

Küßchen, Küßchen!
11 ungewöhnliche Geschichten. Aus dem Amerikanischen von
Wolfheinrich von der Mülbe. rororo 835

... und noch ein Küßchen!
Weitere ungewöhnliche Geschichten. Aus dem Amerikanischen von
Hans-Heinrich Wellmann. rororo 989

... steigen aus ...
maschine brennt ...
10 Fliegergeschichten. Aus dem Amerikanischen von Alfred Scholz.
rororo 868

Der krumme Hund
Eine lange Geschichte mit 25 Zeichnungen von Catrinus N. Tas.
Aus dem Englischen von Fritz Güttinger. rororo 959

Danny oder Die Fasanenjagd
Mit 28 Zeichnungen von Hansjörg Langenfass.
160 Seiten. Pap.

Das riesengroße Krokodil
Mit Bildern von Quentin Blake.
32 Seiten. Lam. Pp.

Rowohlt

Gerald Durrell

Eine Verwandte namens Rosy
Eine fast wahre Geschichte (Sonderausgabe)
Deutsch von Anne Uhde. 240 Seiten. Geb.
Taschenbuchausgabe: rororo Band 1510

Ausschließlich als rororo Taschenbuchausgaben liegen vor:

Zoo unterm Zeltdach
Als Tierfänger in Kamerun. Deutsch von Hilda Ross
rororo Band 1366

Ein Schildkrötentransport
und andere heitere Geschichten. Deutsch von Ch. und L. Hohlwein
rororo Band 1631

Die goldene Herde
und andere vergnügliche Tiergeschichten
Deutsch von Ursula von Wiese. rororo Band 1723

Nichts als Tiere im Kopf
Deutsch von Kai Molvig. rororo Band 1908

Vögel, Viecher und Verwandte
Deutsch von Kai Molvig. rororo Band 4086

Rowohlt

«Hier liest man sich wahrhaft seine Sorgen davon!»

«Hans Nicklisch läßt all seine Fähigkeiten spielen, hat so viel Ironie und Freude am Ulk, aber auch so viel klare Zeiterkenntnis in die Zeilen gepackt, daß es ein Vergnügen ist, sich durch die Seiten zu lesen.» Frankfurter Rundschau

Hans Nicklisch

Vater unser bestes Stück
Eine heitere Familiengeschichte
Mit 14 Zeichnungen von Marga Karlson
rororo Band 1609

Ohne Mutter geht es nicht
Mit 23 Zeichnungen von Marga Karlson
rororo Band 1672

Einesteils der Liebe wegen
Mit 40 Zeichnungen von Eberhard Binder
rororo Band 1719

Ein Haus in Italien – müßte man haben
Mit 28 Zeichnungen von Helen Brun
rororo Band 1782

Opas Zeiten
Eine fröhliche Familiengeschichte
Mit Zeichnungen von Eva Kausche-Kongsbak
rororo Band 1926

Duett zu dritt
rororo Band 4092

Barbara Noack

Die Zürcher Verlobung
Roman · rororo Band 1611

Ein gewisser Herr Ypsilon
Die Geschichte einer romantischen Liebe
rororo Band 1646

**Eines Knaben Phantasie
hat meistens schwarze Knie**
Mit 31 Zeichnungen von Eva Kausche-Kongsbak
rororo Band 1681

Valentine heißt man nicht
Eine Ehegeschichte – vorwiegend heiter
rororo Band 1701

Italienreise – Liebe inbegriffen
Ein Roman, in dem es munter zugeht
rororo Band 1726

Geliebtes Scheusal
Roman · rororo Band 1792

Danziger Liebesgeschichte
Mit 24 Zeichnungen von Helen Brun
rororo Band 1858

Was halten Sie vom Mondschein?
Eine Kampener Feriengeschichte
mit 16 Zeichnungen von Helen Brun
rororo Band 1901

... und flogen achtkantig aus dem Paradies
rororo Band 1992

Der Bastian
rororo Band 4068

Ferien sind schöner
rororo Band 4136

Deutschland deine........

Respektlose Liebeserklärungen

Jeder Band mit zahlreichen Abbildungen

Dieter Wildt
Deutschland deine Sachsen
Eine respektlose Liebeserklärung
[1075]

Thaddäus Troll
Preisend mit viel schönen Reden
Deutschland deine Schwaben für Fortgeschrittene [1864]

Franz Hugo Mösslang
Deutschland deine Bayern
Die weiß-blaue Extrawurst
[1352]

Hans Werner Richter
Deutschland deine Pommern
Wahrheiten, Lügen und schlitzohriges Gerede [1537]

Hugo Hartung
Deutschland deine Schlesier
Rübezahls unruhige Kinder
[1624]

Ernst Johann
Deutschland deine Pfälzer
Wo Witz und Wein wächst [1748]

Robert Neumann
Deutschland deine Österreicher
Österreich deine Deutschen
[1695]

Ernst von Salomon
Deutschland deine Schleswig-Holsteiner
Dem Feinde weh, der sie bedroht!
[1802]

Eugen Skasa-Weiß
Deutschland deine Franken
Eine harte Nuß in Bayerns Maul
[1852]

Karl Krolow
Deutschland deine Niedersachsen
Ein Land, das es nicht gibt [1918]

Josef Müller-Marein
Deutschland deine Westfalen
In Gottes eigenem Pumpernickelland [1957]

Dieter Hildebrandt
Deutschland deine Berliner
Ein verwegener Menschenschlag
[4027]

Walter Henkels
Deutschland deine Rheinländer
Da braust kein Ruf wie Donnerhall [4077]